ゴルフは
右手の
使い方を
覚えれば
上手くなる

著者 森山錬

日本文芸社

PROLOGUE

はじめに

はじめまして。ゴルフコーチの森山錬です。

私はツアープロを目指して多くの試合に出場し、海外の試合も経験したのですが、アプローチイップスになってしまいツアープロへの道を断念しました。

大好きなゴルフが辛く苦しいものになってしまう苦い経験を経て、自分のようにゴルフで苦しんでいるプレーヤーを１人でも多く救いたい一心でゴルフコーチに転身しました。

「心と身体に優しいシンプルなスウィング」ができないかと日々研究をしていて、右手の使い方からゴルフスウィングを構築していくことが、多くのアマチュアゴルファーを救えると考えました。

「最良のゴルフコーチはゴルフクラブである」と考えているため、ゴルフクラブの挙動を教えてくれる右手を、あなたの最高のスウィングコーチは自分の右手ですよという意味で親しみを込めて「右手先生」と呼んでいます。

ゴルフが好きすぎるあまりレッスンを受けすぎて、思考も身体も固まってしまった方や、これからゴルフを始めるのだけれど難しい理論は苦手という方へ。

この本を読み進めていただければ右手の使い方からゴルフクラブの効率的な扱い方を学べます。

クラブの扱い方を右手から教えてもらい、一生物のゴルフスウィングを一緒に目指しましょう。

森山 錬

Contents

ゴルフは右手の使い方だけ覚えれば上手くなる

PART 1 右手先生にクラブ操作術を学ぶ

PART 2 右手先生のスウィングのイメージとコツ

PART 3

ゴルフスウィングの悩みを解決

悩み解決

PART 4 右手先生がドライバーの飛距離を伸ばす

ドライバー飛距離UP

Column

右手先生特別動画

本書に掲載されているドリルを中心に
写真だけでは分かりにくい動きを動画にて解説

RIGHT HAND TEACHER

PART
1

右手先生に
クラブ操作術を学ぶ

RIGHT HAND TEACHER

右手先生

右手が先生になる理由①

両手でスウィングするからゴルフは難しい

スウィング中、主導権を奪い合う右手と左手

よくある4つのエラー

体の近くにクラブが上がる

テークバックで左手を伸ばすのは難しい。だから左手主導でスウィングすると、クラブは体の近くに上がりやすい

上げたくなってすくい打ちになる

球を上げようとする気持ちが強くなると軸が右に傾き、左手で引っ張り上げるようなスウィングになってしまう

ボールに合わせにいってしまう

打つことよりも、当てたいという気持ちが強くなると、左手首が甲側に折れたアーリーリリースになりやすい

体が左に突っ込んでしまう

アマチュアによく見られる、ダウンからフォロースルーでの"突っ込み"も両手のバランスが悪いから起こる

両手を使うからミスをする

当たり前のことですが、ゴルフでは両手でクラブを持ちます。しかし、この当たり前のことが、ゴルフを難しくしているのをご存じですか？

その理由は、スウィング中、右手と左手が主導権を奪い合うから。どちらかが大人しくしていればいいのですが、それぞれがやりたいことをやろうとする。これがスムーズなスウィングを妨《さまた》げる原因になっているのです。それが証拠に、両手で字を書こうとすると上手くいきませんよね。

アマチュアのスウィングでよく見られるいくつかのエラーも、どちらかの手を主にして行えば、防ぐことができるのです。

右手が利き手なら
そこに成功ポイントが
詰まっている

RIGHT HAND TEACHER

右手先生

右手が先生になる理由②

右手主導のスウィングを意識すればゴルフはもっと簡単になる

構えたときに後ろにくる手をメインにするのがポイント

クラブは右手で振るのが正解

右手のほうが遠心力を働かせやすく、手のひらがフェース面と同じ向きなのでフィーリングも出しやすい。また、右手メインのほうが球がつかまる

左手だと強く叩けない

スウィングは一見、左手リードのように思えるが、右利きの場合、トンカチを左手で叩かないように力が出にくい。また、左手リードだとヘッドが遅れやすくなる

右手のほうが強く叩ける

スウィングを簡単にするには、どちらかの手をメインにすればいいのですが、どちらだと思いますか？ 正解は、構えたときに後ろにくる手。つまり、レフティーでなければ右手になります。ではなぜ、右手なのか。

主な理由は次の4つです。①右手だと手のひらとフェース面がリンクしてフィーリングが出しやすい②左手より強く叩ける③右手のほうが遠心力を働かせることができる④右手を使ったほうがクラブの特性と合い、ボールをつかまえやすい。さらに、右手が利き手の人が多く、「器用に使えるし、成功体験がある」というのも理由のひとつです。

右手でクラブを持ち左手を添えてスウィング

右手だけで上げると理想のトップに近づく。ちなみにベストポジションの目安は、首の高さくらい

右手だけグリップして、左手をグリップに触らずに添えるだけ。この状態からクラブを上げていく

RIGHT HAND TEACHER
右手先生
右手が先生になる理由③

スウィングでは右手中心で左手は添えるだけでOK

やることは増やさず、ゴルフはシンプルに考える

タメもできて シャフトもしなる

右手でフェース面を感じられるようになると、インパクト時にフェースの開閉がわかるようになる

ダウンも右手だけで下ろすと自然とためができ、クラブにもしなりが生まれるので、ヘッドスピードも上がる

スウィングが理想に近づく

右手メインでスウィングしたほうがいいという話をしましたが、両手の力関係はどうなっていればいいのか。

イメージは、右手で持って左手は添えるくらい。もちろん、実際は、両手でグリップして振りますが、右手1本のほうがトップでもその人の理想の位置に上がるし、ダウンでは自然なためができてシャフトもしなるほか、インパクトもイメージしやすくなります。また、クラブも仕事をしてくれます。

一度、左手は添えるだけで素振りをして見てください。間違いなくきれいなスウィングになっているはずです。

RIGHT HAND TEACHER

右手先生

右手が先生になる理由④

ラケットを振るようにスウィングしよう

テニスをイメージするとクラブも正しく振れる

右手1本で〝ビュン〟と振る

「ゴルフクラブを右手で振りましょう」といわれてもピンとこない。そんな人は、テニスのラケットを振るようなイメージでクラブを振ってみてください。

ラケットを振るとき、細かい動きを気にせず、ただ〝ビュン〟と振りますよね。実はゴルフのクラブも同じです。

確かに、テニスに比べてフェース面が狭く、ボールも小さいので、当てるのが難しいと思うかもしれませんが、気持ち良く振れば、自然と正しいスウィングになるものです。ぜひ右手1本で、〝ビュン〟と振ってみてください。

インパクト〜フォロースルーでしっかり面が返り、体重も左に移動。フィニッシュの形もゴルフに似ている

インパクト〜フォロースルーでの体重移動も完璧。気持ち良く振り切れて、フィニッシュの形も決まる

テニススウィング

ラケットを持ち、低い球を打つようなイメージでスウィング。このとき球を打つことしか考えていないはず

インパクトでも体の動きを気にせずにラケットを振る。そうすればラケットの面は自然とスクエアになる

ゴルフスウィング

テニスをイメージすれば打つことだけに集中できる

ゴルフのスウィングも体の動きはラケットを振るときと同じ。右手1本ならその動きがスムーズにできる

右手1本なら、「無理に返そう」としなくてもフェースは勝手に返り、インパクトではスクェアに当たる

RIGHT HAND TEACHER
右手先生
右手操作を知るドリル①

右手でヘッドの重さを感じるそれが右手先生への第一歩

クラブを上下に動かしヘッドの重さを感じよう

手の中でクラブをバウンドさせる

ヘッドの重さを感じながらグリップを手の中でバウンドさせる。慣れてくればグリップがほど良くバウンドし、リズム良く揺らすことができる

理想のグリップ圧が分かる

まずは、その人なりの右手の感覚をつかむところから始めましょう。

右手でクラブを持って、グリップを手の中でバウンドさせるような感じで上下に揺さぶってみてください。

クラブというのはヘッドの部分が重いので、揺さぶると重さを感じると思いますが、それを感じながら、クラブを支えることが大事。これができない人は、

実際のスウィングでもクラブをコントロールできません。
握り方に関しては特に意識する必要はなく、リズム良く揺らせるような持ち方をしていればOK。実はその握りが、アナタにとってベストのグリップ圧にもなるのです。

POINT
自分のグリップ圧を知る方法

アマチュアは強く握り過ぎる傾向があるが、強いとリキみに繋がって、ヘッドを走らせることができなくなる。グリップはすっぽ抜けない程度の強さで握ることが大事

ギュッと握ってはダメ

上下に揺らすことで、“柔らか過ぎず”“強過ぎない”グリップ圧が実感でき、理想のグリップが実現する

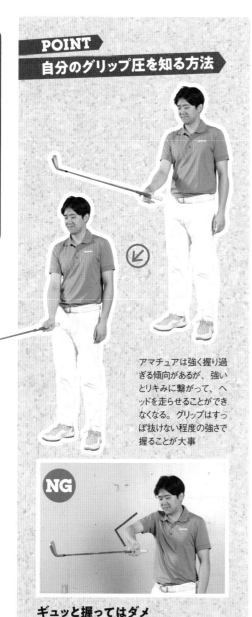

RIGHT HAND TEACHER

右手先生

右手操作を知るドリル②

右手1本でヨコ振りをすることで支点の大事さを知る

手首の支点を感じながら左右に揺らそう

右手を支点にして左右に振る

クラブを水平にキープし、右手1本で、手首を支点にヘッドを左右にゆっくり動かす。ベルトのバックルの前にある右手をできるだけ動かさないようにするのがポイント

手首の振り子を体感する

次に右手1本でクラブを持ち、クラブが地面と水平の高さになるようにセットしてヨコに振りましょう。

スウィングは、首の付け根を支点とした振り子運動と、手元を支点とした振り子運動、つまり2つの振り子運動で行うというのが理想ですが、まずは右手を使って、手元が支点となる動きを体感しましょう。

右手は支点になるので、動き

右ワキは締める

右ワキが空いていると、右手首の位置が動きやすくなるので要注意

蝶番のように右手首を使おう

蝶番（ちょうつがい）のように右手首を左右に動かせば、支点を保ったままヘッドだけを左右に動かすことができる。スウィングでもこの動きが重要になる

をできるだけ小さくするのがポイントです。多少動いてもかまいませんが、ベルトのバックルの前辺りから動かないようにして、ヘッドだけを左右に揺らしましょう。

　なお、クラブを水平に保つというのはそれなりに力が必要ですが、決して右手に力を入れ過ぎないことも重要なポイントです。右手に力が入った瞬間、支点が動きやすくなり、振り子運動ではなくなってしまうからです。右手はヘッドの重さを感じながら、クラブを支える程度に力を入れるようにしましょう。

　手首の振り子は、スウィングにおいてはとても重要な動きです。しっかりマスターするようにしてください。

右手1本で
気持ち良く
振り切ろう

フィニッシュまでいったらクラブを元に戻して連続素振り。そうすれば、さらに効果がアップする

シャフトを持つ

ネックの上辺り、シャフトの部分に右手の指を絡めるように持つ

ヘッドを持つのはダメ

逆さ素振りというとヘッドに指を掛ける人が多いが、これはNG

RIGHT HAND TEACHER
右手先生
右手操作を知るドリル③

右手1本逆さ素振りで振る感覚を身に付ける

逆さ素振りをすれば“速く振る”が実感できる

右手1本でもビュンと鳴る

最初は腰から腰で行い、徐々に振り幅を大きくする。最終的には体重移動をして、クラブをトップの位置まで上げる

インパクトゾーンで“ブンッ”と音を鳴らそう。遠心力が感じられると同時に、ヘッドが走る感覚も味わえる

遠心力が体感できる

クラブを速く振るためには、クラブが外に引っ張られる力である〝遠心力〟を大いに活用しなければいけません。その遠心力を感じるのに有効なのが、右手1本の逆さ素振りです。

右手1本でクラブのヘッド側を持ち、何も考えずに振ってください。

最初は、大きな体重移動はせずに腰から腰の高さで振り、何となく遠心力が感じられ、ビュンと音が鳴るようになったら、徐々に体重移動を大きくしながら少しずつ振り幅も大きくしていきましょう。

クラブを速く振る感覚が確実に身に付きます。

クラブが通った軌道を目に焼き付けて、その残像をチェック。思っていたよりも軌道が斜めになっていることも

カット気味に入る

アマチュアに多いカット軌道。この軌道になっていたらすぐに修正

インサイドから入る

インサイドから入り過ぎてアウトサイドに抜けていく軌道も修正が必要

RIGHT HAND TEACHER
右手先生
右手操作を知るドリル④

右手1本逆さ素振りで軌道もチェック

スウィングの残像から軌道を確認しよう

ボールとボールの間を振り抜く

ボールとボールの間を通す意識でダウンスウィング。ただし、スウィングスピードは落とさないように

ボールがあってもインパクトゾーンでは“ブンッ”と音を鳴らす。ボールの間隔はそれぞれが振りやすいように

逆さ素振りなら軌道も見える

前ページで紹介した右手逆さ素振りですが、体を使う意識が強い人の場合、極端なアウトサイドインやインサイドアウトの軌道になることがあります。

その傾向がある人は、写真のように、クラブが通過する軌道の向こう側と手前側にボールを置いて、その間を通すように逆さ振りをしましょう。

2個のボールの間隔はその人のレベルに合わせればいいのですが、意外とスウィングに変なクセが付いていない初心者のほうが、ストレート軌道で振れたりするものです。自分の軌道のチェックにもなるので、ぜひやってみてください。

打ち込みスウィングは厳禁

球を上げようとしてすくい上げるのも禁物

フィニッシュは大きく取らないでOK。アイアンの"ライン出し"のようなイメージで振っていこう

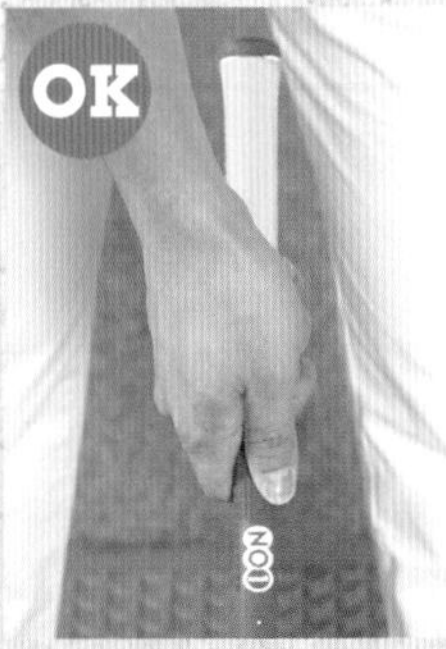

短めに握る

右手は、両手で握るときの位置でグリップ。長く握らないように

長めに握る

左手のスペースを空けずに右手を長く握ると、滑らせるのが難しくなる

RIGHT HAND TEACHER
右手先生
右手操作を知るドリル⑤

右手1本素振りなら正しい軌道も覚えやすい

打ち込み、すくい打ちを防止する

芝がこすれる音を聞こう

ヘッドと芝が
こすれ合うように
スウィングしよう

バックスウィングは、ハーフスウィングより少し大きめに。クラブの重さを感じながら切り返す

ヘッドを手前から滑らせ、ヘッドと芝がこすれ合う音を鳴らす感じでスウィング。右手1本でも軌道が安定する

ソールを滑らせる意識が大事

右手主導でのスウィングをマスターするためには、右手1本でクラブを振ることも大事です。その際、ソールを滑らせるような感じでスウィングする。そうすれば、クラブが正しい軌道で下りてきます。特にアマチュアの場合、アイアンを手にすると、上から打ち込もうとしたり、球を上げようとする人が多いので、ソールを滑らせる意識を持つことが正しいスウィングに近づきます。ひとつ注意したいのは、グリップ時の右手の位置。通常、右手は左手の下に置くので、右手1本で握るときも左手のスペースを空けてグリップするようにしましょう。

RIGHT HAND TEACHER

右手先生

右手操作を知るドリル⑥

右手でティーの仕分けをすることでヘッドの重さとクラブの長さを知る

ヘッドを使ってロングティーとショートティーを仕分ける

ヘッド全体を使って仕分けよう

ロングティーとショートティーを置き、ヘッドで仕分ける。これだけでヘッドの重さが感じられるようになる

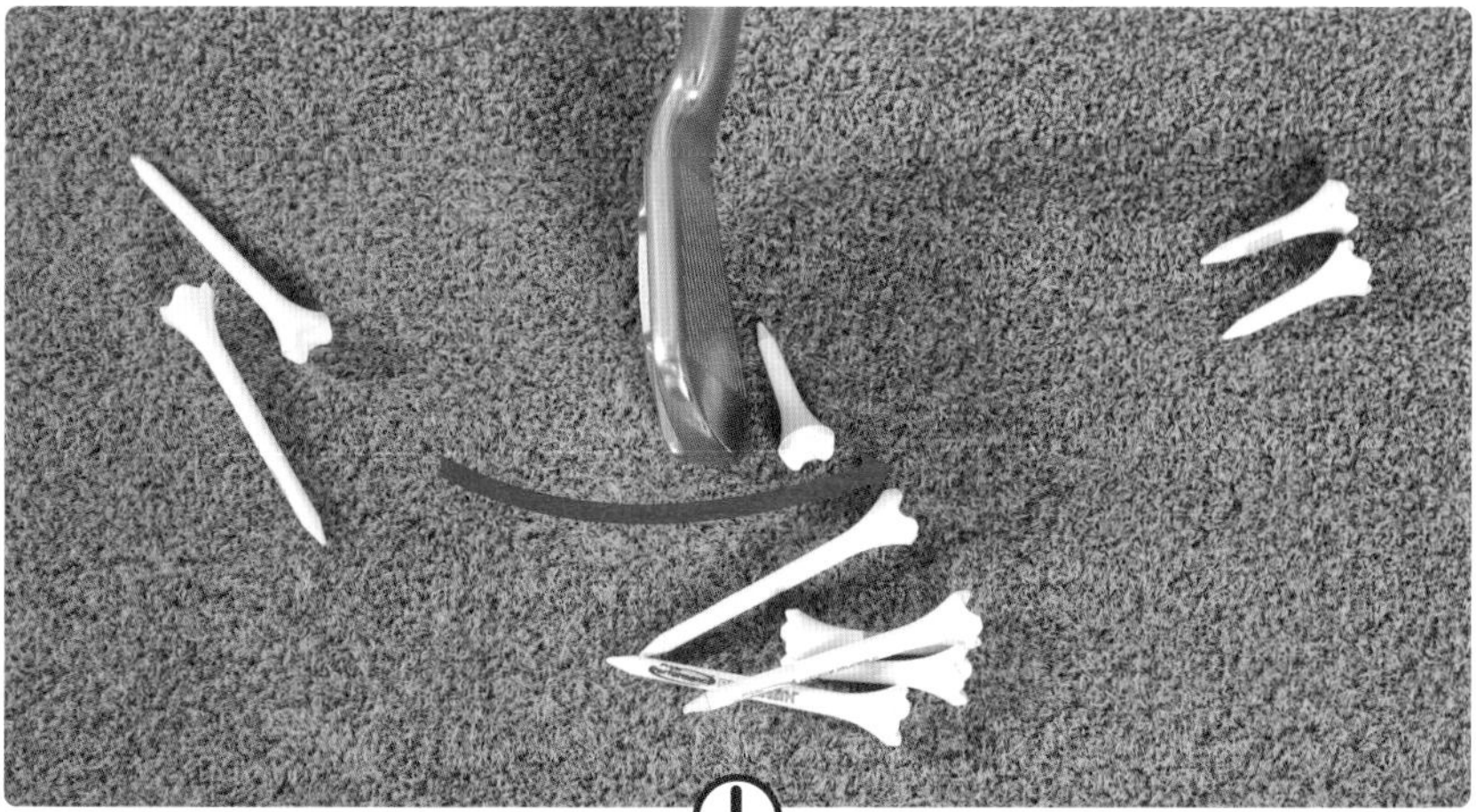

フェース面だけでなく、バックフェースやソールなども使って仕分けるのがポイント。意外と難しいが、誰でもできる

球のつかまりも良くなる

スウィングにおいては、右手でクラブを持ったときに、ヘッドの重さやクラブの長さを感じることが大事なのですが、ここで紹介する「ティーの仕分け」はその感覚を養うためのドリル。ロングティーとショートティーを各5〜6本用意し、ヘッドで仕分けをするというだけですが、効果抜群です。

ヘッドはフェース面だけでなく、バックフェース、ソールなど全てを使うのがポイントです。これをやることで、右手とクラブが一体になるのはもちろん、実際にボールを打つとき、不思議と球のつかまりも良くなります。

クラブが
動きたいように
動かそう

インパクトでフェースを真っ直ぐに戻そうとすると、振り子運動にはならない

ボールに合わせようとせず、クラブの動きたいように動かしてボールを打つ。インパクトは通過点のつもりで

フォロースルーも、特にフェースを返そうとする必要なし。振り子運動で振っていれば、フェースは自然と返る

RIGHT HAND TEACHER
右手先生
右手操作を知るドリル⑦

右手のハーフショットで正しいフェースの動きを知る

自然なフェースの開閉が体感できる

振ればフェースは勝手に開閉する

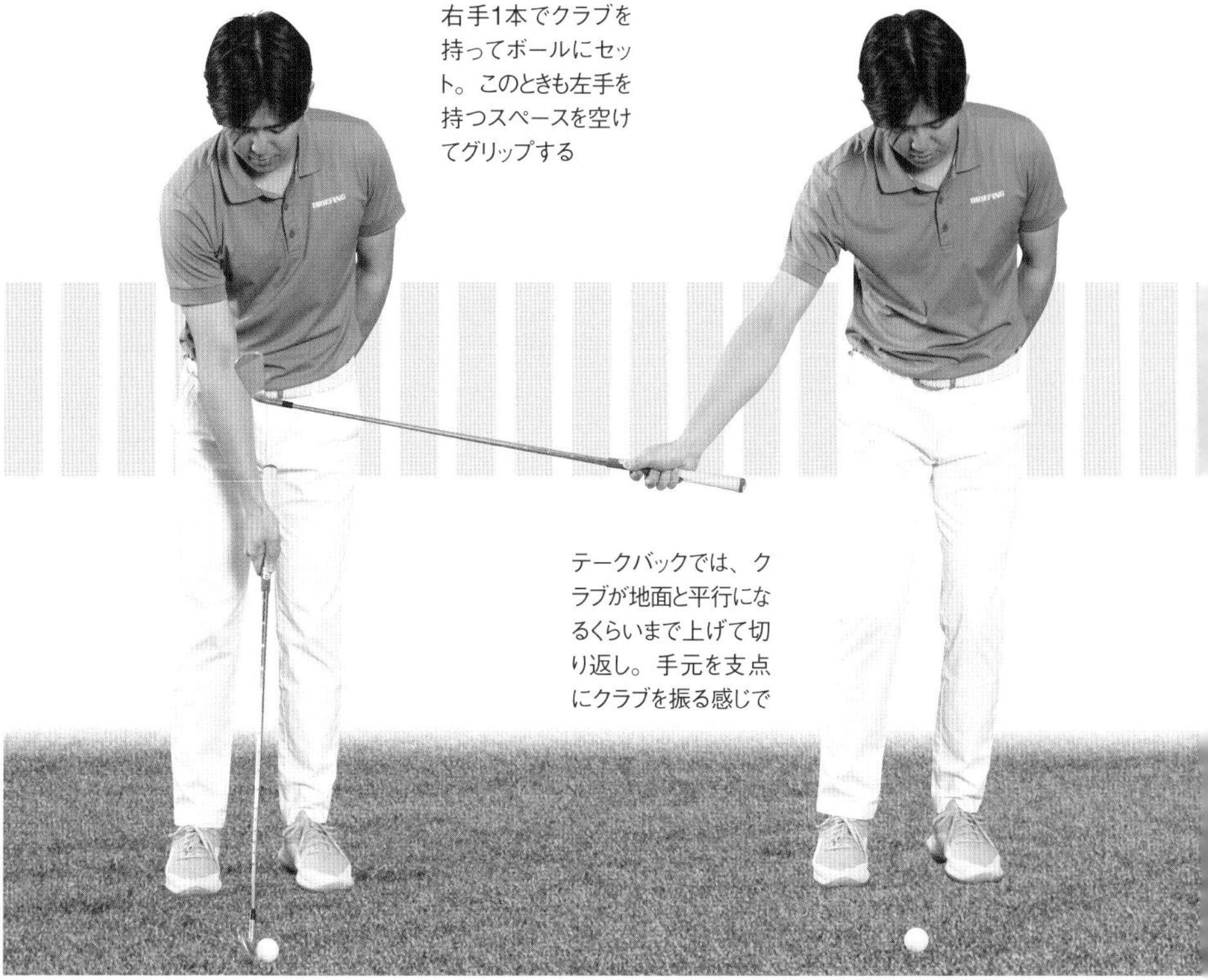

右手1本でクラブを持ってボールにセット。このときも左手を持つスペースを空けてグリップする

テークバックでは、クラブが地面と平行になるくらいまで上げて切り返し。手元を支点にクラブを振る感じで

ボールに合わせる必要なし

右手でヘッドの重さが感じられるようになったら、右手1本でハーフショットをしてみましょう。

アプローチをするようにボールを打てばいいのですが、このとき意識したいのは、ヘッドの動きを自ら妨げないこと。手元を支点にクラブを振れば、テークバックでフェースは開き、フォローで閉じますが、インパクトでフェースをスクェアにしようという意識があると、自然な開閉が行われなくなります。

普通にスウィングすれば、インパクトでフェースはスクェアに戻るもの。無理に操作をする必要はないのです。

何もしないでも
クラブが勝手に
開いて閉じる

OK 開いて閉じるのが自然な動き

クラブを地面と平行の高さに上げて、右手だけで左右に振ると、テークバックでは開き、フォロースルーでは閉じる。これが自然の動き。実際のスウィングでもこのように動かすことが大事

操作をするから
ヘッドの挙動が
おかしくなる

NG 合わせようとすると閉じて開く

インパクトでフェースを真っ直ぐにしようとすると、テークバックでフェースが閉じ、フォロースルーでは開いてしまう。手でクラブを操作しようとするとこのような形になってしまう

自然なフェースの返りをチェック

RIGHT HAND TEACHER
右手先生
右手操作を知るドリル⑧

バックスウィングは飛球線後方にクラブを投げるイメージで

揺さぶる力でクラブをトップまで持っていく

“慣性の力”を最大限に使う

ハーフウェイバック以降、自分でクラブを上げていくのではなく、クラブを飛球線後方に放り出すようにスウィング。そうすればヘッドは慣性の力で上に上がる

腕の力で上げている

ハーフウェイバック以降、クラブを持ち上げた場合も、慣性は働かなくなる

手の力で上げている

テークバックの始動で、クラブを揺らさず、手の力で上げると慣性は働かない

ハーフウェイバックまでは右手の力で引っ張る。この揺さぶりの大きさがスウィングスピードの速さに繋がってくる。これが、テークバックが大事といわれる所以《ゆえん》

自分の力は極力使わない

スウィングで大事なのは、テークバックでも慣性の力を使うことです。多くの人はハーフウェイバック以降、クラブを自分の力で上げようとするのですが、そうすると自分の力で下ろさなければいけなくなり、慣性力が弱まり、スピードも鈍ります。

具体的には、テークバックでクラブを後ろに揺らすだけで、ヘッドというのは勢いよく上に上がろうします。イメージとしては、テークバックで後ろにクラブを放り投げるようにすること。そしてそのあとはクラブの動きに任せる。そうすれば慣性が最大限に働き、ヘッドスピードも上がります。

OK グリップ側を持って手元を左右にずらす

グリップ側をつまんで手を左右にずらせば、慣性が働いてクラブが動く。このずれる動きによってヘッドを上まで上げるのが正解。そうすればば軌道も安定するし、ヘッドスピードも上がる

RIGHT HAND TEACHER
右手先生
右手操作を知るドリル⑨

スウィングのカギを握る“慣性力”について知っておこう

ちょっと小難しい慣性についてお勉強

NG 重心付近を持つと慣性が働かない

クラブの重心付近を持ってヨコに動かすと、動かした分だけしかクラブは動かず、しかもグリップとヘッドは一緒に動く。多くのアマチュアはこのような動きでスウィングしている

小さな力でヘッドが動く

34ページに出てきた〝慣性〟ですが、皆さんは理解していますか？ 知っているからといってゴルフが上手くなるわけではありませんが、少しご説明を。

慣性というのは、外力が働かなければ、物体はその運動状態を保つという性質のこと。スウィングでその慣性を働かせるためには、グリップを持って左右に揺らせばいいのです。

そうすれば、先にヘッドという重りが付いているクラブは振り子のように大きく揺れ、こちらが邪魔をしない限り、そのスピードは落ちません。

飛距離アップのためにも、慣性力は必要不可欠なのです。

Column

“右手が悪”“左手リードが大事”と考えられていたワケ

なぜ、「右手は使うな」といわれてきたのか。

ほとんどゴルファーはボールを目の前にすると、当てに行こうとする動きをします。そしてその動きが、右手によって行われるものだと考えられていました。

そこで、この「当てにいく動き」を矯正するために、「右手を使わず、左手でグリップエンドを引いていこう」というレッスンが行われるようになったのです。「左手の小指、薬指、中指をしっかり握ろう」といわれるのも、左手リードのスウィングがしやすいからです。

しかし、左手でクラブを引いてしまうと、ヘッドが遅れるし、フェースも開きます。さらに付け加えれば、クラブを押さえ込んでしまう形になるので、空手チョップのような動きになり、自分の力をボールに伝えることはできても、シャフトのしなり戻りによって生まれるエネルギーや遠心力を働かせることはできません。

その点、右手中心でスウィングすれば、シャフトをしならせることもできるし、フェースの開閉も自然に行われます。

この当たり前のことに気がつけば、アナタのゴルフは劇的に変わるはずです。

RIGHT HAND TEACHER

PART
2

右手先生のスウィングのイメージとコツ

RIGHT HAND TEACHER

右手先生

ゴルフスウィングのイメージ①

メインとなる右手も柔らかく握るのがポイント

スウィングは作るものではない。クラブに仕事をさせよう

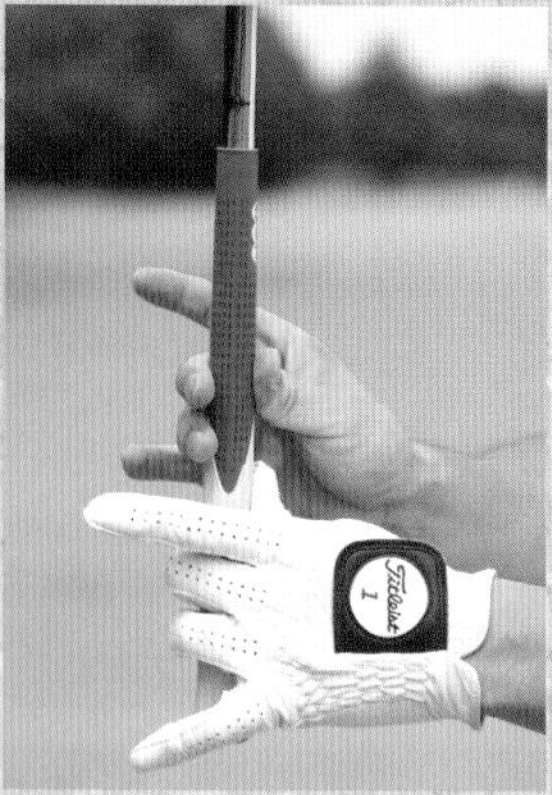

OK

リーコーダー握りがナイスショット生む

クラブはすっぽ抜けない程度に握るというのが正解。イメージとしては、リーコーダーを持つときのようにつまむ感じで十分。柔らかく握れば握るほど、クラブの動きたがっている方向に動かせる

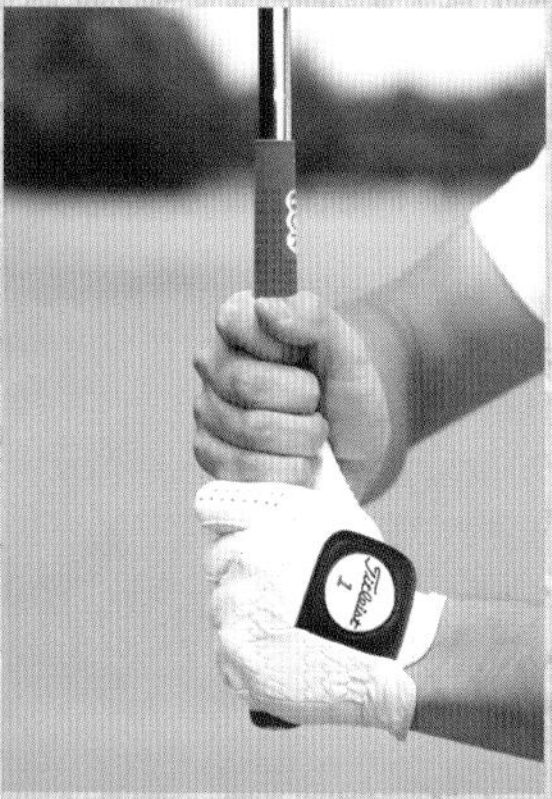

NG

ギュッと握るからミスが生まれる

ギュッと握るとクラブに力が伝わりすぎてしまい、クラブが動きたがっている方向に動かすことができない。ゆるゆるで持ってもインパクトのときには力が入るので最初から強く握り過ぎないようにしよう

柔らかく握ればクラブは動く

これまでもいってきたことですが、スウィングというのはクラブに仕事をさせることが大事です。そして、それを実現するためには、右手に任せることがポイントになってきます。

さらに付け加えるならば、柔らかく握るというのも重要なポイントになります。グリップはすっぽ抜けない程度の強さで握ること。そうすれば、クラブの力を最大限に生かせます

右手でグリップをつまんで揺らし遠心力を感じてみよう

〝おつまみ振り子〟で振り子の周期を体感する

左に揺らしたときは左足体重に。振り子の揺れにともなって、体重移動も徐々に大きくしていこう

下半身リードにも繋がる

右手を中心にスウィングのイメージをつかんでいきましょう。まずは、〝おつまみ振り子〟。右手でグリップの端をつまみ、足踏みをしながら左右に揺らします。右手にクラブの重さや遠心力を感じられていれば、足踏みとのバランスも自然と取れるようになってきます。

このようにヘッドの重さに対して自分も揺れるという感覚が、下半身リードに繋がるのです。

足踏みをしながら左右に揺らそう

グリップの端を右手でつまみ、まずは重さを感じるところからスタート。最初は小さい振り子で揺らしていく

右に揺らしたときは右足に体重を乗せる。クラブの揺れとともに体も揺れるようになったらOK

NG

左右の揺れと足踏みが合わない

右に揺らしたときに左足体重になっていたり、左に揺らしたときに右足体重になるのはNG。また、クラブの揺れに対して足踏みが大きくなり過ぎないように

OK L字パイプの先も開いて閉じる

L字パイプを体の前で揺らすと、特別な力を加えない限り、L字の先は開いて閉じる。ゴルフクラブもこれと同じ。手の中でクラブを押さえ込まない限り、フェースは自然とターンする

RIGHT HAND TEACHER
右手先生
ゴルフスウィングのイメージ③

フェースは返そうとしなくても勝手に返ってくれる

クラブの動かし方のイメージが湧くL字パイプ

NG **真っ直ぐキープは相当な力が必要**

L字の先を上を向けたまま揺らそうとすると、右手が開くのを押さえるなど、相当な力が必要になってくる。多くのアマチュアゴルファーは、これと同じことをスウィングでやっている

フェース面の動きを知る

「フェースを返したほうがいいのか、返さないほうがいいのか」。そういう話が良く出てきますが、実はクラブの性質上、フェースは返るようにできているのです。例えばクラブと同じ構造のL字パイプを体の正面で振ると、テークバックでL字の先が倒れ、フォロースルーでも同じように倒れます。クラブの動きもこれと同じ。クラブの動きに右手を委ねれば、テークバックでフェースは開き、フォロースルーでフェースは閉じます。

L字パイプは手元にないと思いますが、この理屈をしっかり頭に入れて、体の正面でクラブを動かしてみてください。

OK 右手だと“返り”をイメージしやすい

右前腕の内側への回転（回内）を体感するには、ボールを地面に叩きつける動きがオススメ。スウィングでもこの動きになれば、クラブの動きを邪魔せず、自然なフェースターンができる

右前腕が外向きに回るのはNG

RIGHT HAND TEACHER
右手先生
ゴルフスウィングのイメージ④

実は右手もフェース同様返りたがっている

右手でボールを地面に叩きつける。
これがインパクトまでのイメージ

NG 左手だと スライスのイメージ

左手で地面にボールを投げようとすると、左前腕が外側にひねる（回外）ことになるので、動きがぎこちなくなる。また、フェースの返りが遅れてしまい、“ド”スライスになる可能性も

右手の返しを覚える

44ページで、「フェースは返りたがっている」という話をしましたが、その動きを妨げないために、手も返す動きが必要です。そしてその動きも、右手だとイメージしやすくなります。

それを体感できるのが、地面にボールを叩きつける動き。右手にボールを持って、左足の前辺りに叩きつけると右手が内側にねじれます（体の動きでいうと前腕の回内）。これが正しい動き。この動きを左手でやると、前腕を外に回す（回外）ことになるので、フェースの返りが遅れてしまいます。まずはボール投げドリルで、右手の返しを体感してください。

RIGHT HAND TEACHER

右手先生

右手スウィングのコツ①

右手は右鎖骨から動かすイメージで

右手の始まりは鎖骨。ここからクラブが生えているイメージで

切り返し以降も、左手が動いていればOK。しっかり身体が回り、手だけで振る“悪い手打ち”にはならない

右鎖骨が動けば身体も動く

皆さんは、手がどこから始まっているかご存じですか？　実は、手は鎖骨から始まっているのです。それが証拠に、右腕を回すと右の鎖骨も動きます。

だから、右手を意識してスウィングするときも、右鎖骨を動かしてクラブを振るようにすることが大事です。「右鎖骨からクラブが生えている」くらいのイメージを持つようにしましょう。

「右鎖骨から」といわれてもピ

右鎖骨からクラブが生えている感覚を持つ

トップまでクラブを上げたときも、左手が後ろに動いていれば、右鎖骨がしっかり動いている証拠

左手を右鎖骨にあてがい右手だけで素振り。クラブを上げるとき、左手が動くかどうかをチェックしよう

ンとこない人は、左手を右鎖骨にあてがって右手素振りを。左手が動けば、鎖骨も動いているということ。手打ち気味の人は、この素振りで右鎖骨の動きをチェックしてみてください。

NG

右鎖骨が動かないと悪い手打ちに

右鎖骨を動かさずに、その先だけで打とうとするのが“悪い手打ち”。アマチュアにはこの打ち方をしている人が多いが、これだとボールが飛ばないし、軌道も安定しない

OK 叩く意識でクラブを振る

ものを強く叩こうと思えば自然と右ヒジが先行するはず。この形になればハンドファーストのインパクトも実現する。これができていない人は、逆さ素振りでモノを強く叩く練習をしよう

RIGHT HAND TEACHER
右手先生
右手スウィングのコツ②

右ヒジを先行させれば出力はアップする

“右ヒジリード”も重要なポイント

NG 当てようとする 手元が先行する

きちんと当てたいという意識が強いと、ヒジよりも手元が前に出る。ものを棒でつつくときはこの形になるが、スウィング的にはアーリーリリースになってしっかり力を伝えられなくなる

当てるのではなく叩く

右手は右鎖骨から動かすことが大事だといいましたが、動きとしてもう一つ重要なポイントになるのは、右ヒジを先行させることです。

スウィングは身体の中心から動くので、手とヒジとの関係からいうと当然、ヒジが先行して手がそれを追いかけるという形になるはず。ところが、ボールを目の前にすると、当てたい気持ちが強くなり、手元を先行させてしまいます。これではボールを強く叩くことができません。

この動きが身に付いていない人はクラブを逆に持って、右ヒジを先行させることを意識しながら素振りをしましょう。

RIGHT HAND TEACHER

右手先生

右手スウィングのコツ③

上から投げる動作で右ヒジ先行のイメージをつかむ

右ヒジ先行ができない人はクラブを上から投げるつもりで振ってみよう

ピッチャーのように、右ヒジを先行させてしっかり投げきる。この動きのイメージがインパクトの形にも繋がる

右ヒジ先行を徹底マスター

右ヒジ先行の動きが上手くできない人は、クラブを上から投げる動作をやってみましょう。上から振りかぶって、クラブを地面に叩きつけるような動きをすれば、右ヒジが先行するはず。スウィングではその動きを横向きにやればいいだけです。

右ヒジ先行というのは、右手先生の動きの中でも大事なポイントになるので、ぜひマスターしておきましょう。

上から振れば自然と右ヒジが先行する

クラブを逆に持って、オーバースローで投げるように振りかぶる。すでにこのとき右ヒジが先行している

ほとんどのピッチャーが、ボールを投げるときこの形になっているはず。ゴルフでもこの動きが必要だ

NG

ありえない形の手元先行だが…

「上から投げろ」といわれて、この形になる人は少ないが、まれに手元が先行する人も。ゴルフでは、ほとんどの人がこのように手元先行のスウィングになっている

OK 強く振れば正しい形になる

右手逆さ連続素振りでブンブン振れば、徐々に腕が振れるようになってくる。意識としては、速く振る感じで。トップに戻したときにも自然と強く振れるポジションに

RIGHT HAND TEACHER
右手先生
右手スウィングのコツ④

右手が振れない人は逆さ連続素振りで振り回す

まずは右手だけでブンブン振ってみよう

NG

手が身体の近くに上がる

腕を振れない人に多いのが、バックスウィングで右手を身体の近くに上げてしまうパターン。これでは右手の力をしっかり使えないので、クラブのスピードも上がってこない

NG

腕が身体から外れる

身体を回そうとする意識が強過ぎると、右手が胸の前から大きく外れることも。「腕の前に手があったほうがいい」といわれるように、手がこれだけ外れると、振りは大きくなってもスピードは出ない

正しいトップの形も分かる

右手を使って振っていこうという話をしていますが、中には右手をしっかり振れない人もいます。もちろん、形的には振れているように見えるのですが、自分的には何となく力が入っていないように感じる人も多いようです。

そういう人は、右手でクラブを逆に持って、連続素振りをやりましょう。それも、優しく振るのではなく、ブンブン振り回すようにしましょう。

この素振りを繰り返すうちに、トップが〝強く叩ける〟形になり、スピードがアップ。また、それにともなってスウィングの軌道も安定してきます。

OK 右ヒジ固定で風が起こる

チリトリを使って目の前で風を起こしてみよう。強い風を起こすためには、右ヒジと指は固定された形になっていて、手首だけが動いているはず。この動きがスウィングの動きにも繋がる

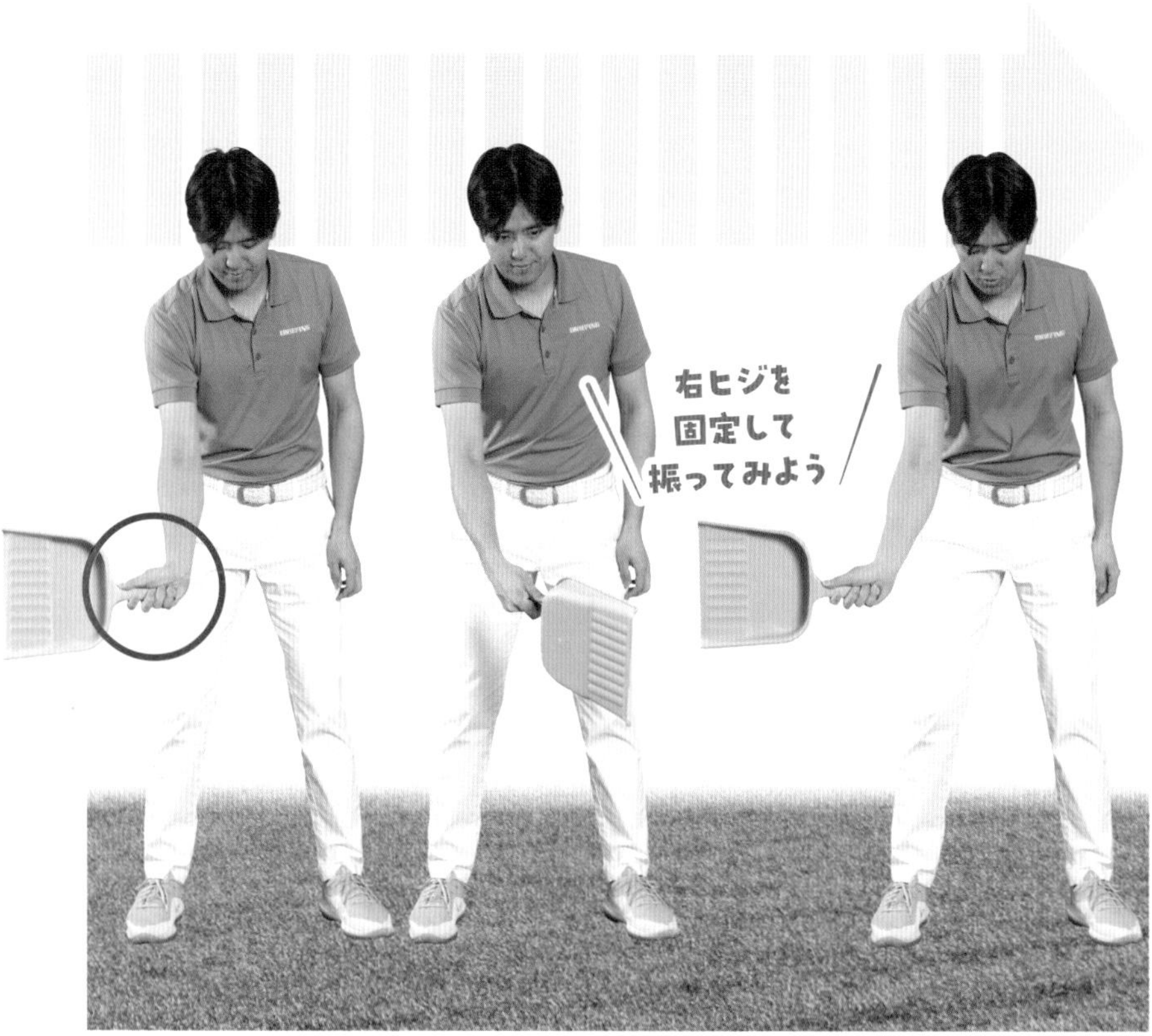

右手先生

右手スウィングのコツ⑤

チリトリで風を起こし右手の使い方を覚える

右手の使い方は、チリトリやウチワで風を起こすのと同じ

NG 右ヒジが動くと風は起きない

風を起こそうと思っても、右ヒジが動いてしまうと手首が動かなくなり、強い風を起こすことができない。アマチュアゴルファーの中にはこういう動きでスウィンクをしている人が多い

パタパタがスウィングの基本

「逆さ連続素振り」のほかに、効果的な右手練習法があります。それは、チリトリやウチワなどで風を起こす動作です。炭火を起こすとき、お腹を丸めて、身体の前でパタパタやりますよね。まさにあの動きです。

この動きを細かく分析すると、右ヒジはほぼ固定、手首は左右に動き、ウチワを持つ指は固定された形になっていますが、これが力の出る腕の使い方です。

一方、右ヒジが動いたり、手首が動かなくなると強い風を送ることができません。

家でもできる動きなので、時間のあるときにやるようにしてください。

ヘッドに意思を伝えるためには指でクラブを握ることが大事

文字書きドリルでグリップの握る強さを覚える

指先で持つと意思が伝わりやすくなるだけでなく、動きも滑らかになり、どんなに難しい字でも書けるようになる。微妙なタッチを出すためにも、右手指先で握ることが大事だ

道具は指先で握るのが正解

スウィングでヘッドに意思を伝えるためには、右手をどのように、また、どの程度の強さで握ればいいのか。それを知るために、クラブを逆さに持って地面に字を書いてみましょう。指先であまり強く握らなければ、鉛筆で字を書くようにスラスラと書けるはず。その握り方と握る強さがスウィングでも重要で、それが分かれば、先端に意思が伝わりやすくなります。

逆さに持って地面に字を書く

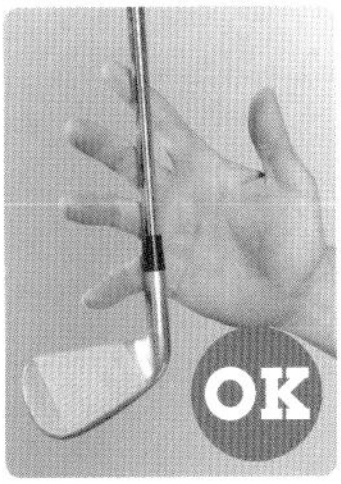

クラブを逆さに持って地面に字を書く。先端を思い通りに動かそうと思ったら、自然と指先のほうで握るもの。クラブもこのように握った方がヘッドに意思が伝わりやすくなる

NG

手のひらで握ると滑らかに動かない

手のひらで握ると先端がスムーズに動かず、きれいな字になりにくい。指先で握ることの重要性を知るためにも、手のひらで握ったときの動きを体感しておこう

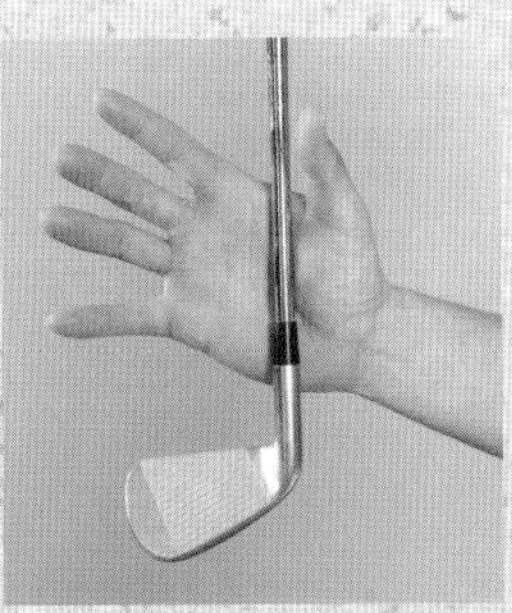

OK しなり戻りで球に回転がかかる

ボールを投げるとき指がボールに引っかかっていて、ボールを離した瞬間に指は戻ろうとする。この性質を利用してボールに強い回転をかける。ゴルフのしなりもこれと同じ原理

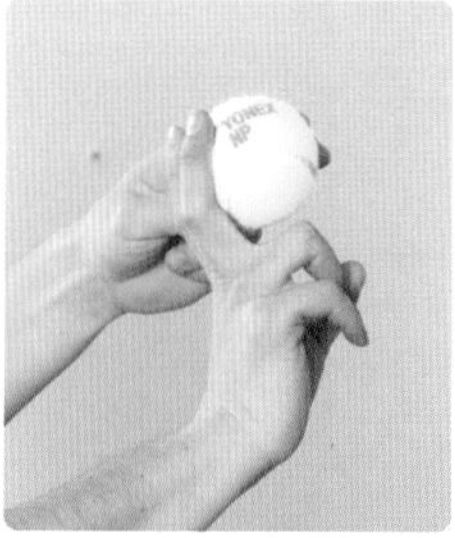

RIGHT HAND TEACHER

右手先生

右手を洗練させるドリル②

右手で作るしなり戻りのメカニズムを理解する

ボールを投げるときもしなりを使っている

NG しなりがないと速い球にならない

指をボールに引っかけずに投げると、しなり戻りが生まれないので、ボールに回転がかからず遅い球に。野球では変化球を投げるときにこういう動きをするが、ゴルフではしなりが必要

しなり戻りがないと球は遅くなる

力の源となるしなり戻り

ボールを遠くへ飛ばすには、シャフトをしならせ、そのしなり戻る力をボールに伝えることが大事です。そしてこの〝しなり戻り〟の力は、ゴルフのスウィングだけでなく、スポーツの中ではいろいろなところで使われています。

例えば野球のボールを投げるとき、リリースする前まで指をしならせておき、ボールを離す瞬間に指がデコピンのように元に戻る力を利用してボールに回転を与えています。

ゴルフでも、右手のしなり戻りをいかに大きくするかが、飛距離アップの大きなポイントになるということです。

RIGHT HAND TEACHER

右手先生

右手を洗練させるドリル③

右手首の動きが強烈なしなり戻りを生む

クラブの〝デコピンの動き〟でしなり戻りを体感

右手首のヒンジがポイント

しなり戻りのメカニズムが理解できたら、実際にクラブでしなり戻りを体感してみましょう。

クラブを身体の前で逆に持ち、左手でクラブを真ん中あたりまで引き上げて、右手首のヒンジ（蝶番 ちょうつがい）が限界まできてクラブがしなったら（実際にはしなりを感じられないと思いますが）、左手を離します。そうするとデコピンの動きのようにクラブがしなり戻り、クラブの先が地面

左手でクラブを引き上げデコピンの動き

右手の指の付け根でクラブを握り、左手でクラブを引き上げる。限界まで引き上げるのがポイント

右手首を限界まで引き上げたら左手を離す。そうするとクラブはデコピンの動きになり、先端が地面を叩く

を叩きます。

これがクラブのしなり戻りの動き。正しいヒンジを作ることによって、しなり戻りも大きくなるので、この動きをしっかり覚えておきましょう。

NG

右手首に張りがないとデコピンの動きにならない

左手でクラブを引き上げたときに、右手首に張りができていないと、先端が地面を叩くデコピンの動きにはならない。実際のスウィングでも、右手首に張りがないとしなり戻りが使えなくなる

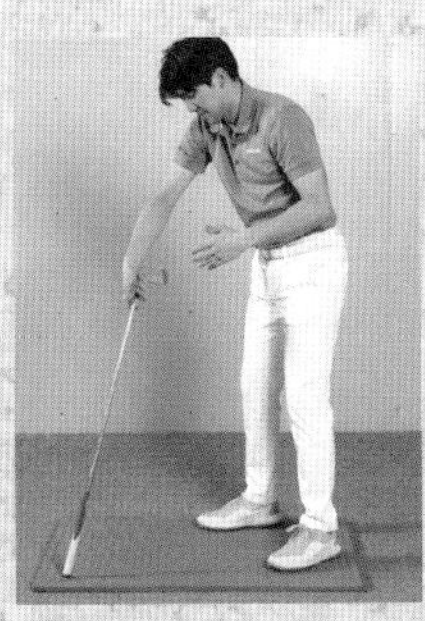

OK 左手を離すと勢いよく戻る

右手首のヒンジがきちんとできていたら、左手を離した瞬間、クラブは勢いよくしなり戻る。これができるようになれば、ヘッドスピードもアップして飛距離も出るようになる

右手先生
RIGHT HAND TEACHER
右手を洗練させるドリル④

ヨコ向き“デコピン”で右手首のヒンジをチェック

スウィングに通じるヨコ向き“デコピン”

NG 左手を離してもしなり戻らない

最初のヒンジが不十分だと、左手を離しても先端が少し揺れるだけ。自分で戻そうとすると、右ヒジが外を向き、アベレージゴルファーによく見られるアーリーリリース状態になる

ヒンジによって勢いよく戻る

タテのデコピンに成功したら、今度は実際のスウィングと同じ方向にデコピンでクラブを動かしてみましょう。

右手でクラブを逆に持ったら、左手でクラブを右側に押していきます。そうすると、右手首がヒンジ状態になります。ここで左手でさらに押すことによって張りを作り、右手首の限界を感じたら左手を離します。

しっかりヒンジができていたら、慣性によってクラブは右側に勢いよく戻ります。一方、右手首のヒンジがきちんとできていなかったら、左手を離しても先端が戻らず、右手の力で戻さなければいけなくなります。

RIGHT HAND TEACHER

右手先生

右手を洗練させるドリル⑤

上から下に振ることで先端を走らせる感覚が身に付く

効率的なインパクトが実現する〝釣り竿投げドリル〟

上から振れば先端が走る

クラブを速く振ったり、効率的なインパクトをしたい人にオススメのドリルです。

道具の先端を走らせる動きは、シャフトに比べてしなりの大きい釣り竿を投げる感覚をイメージするとつかめるようになります。それを実感するために、右手１本で、クラブを上から下に向けて振りましょう。

先端を走らせる感覚がつかめたら、サイドスローのピッチャーのようにヨコ向きに振ります。そして最後に、クラブの先端を意識しながらスウィングと同じように下で振ります。これをやることで遠心力も感じることができるようになるはずです。

ボールを投げるように上から振る

クラブを右手で逆に持って、上から振り下ろす。イメージとしては、釣り竿を投げる感じで先端を意識

右ヒジの高さを変えずに横から投げる

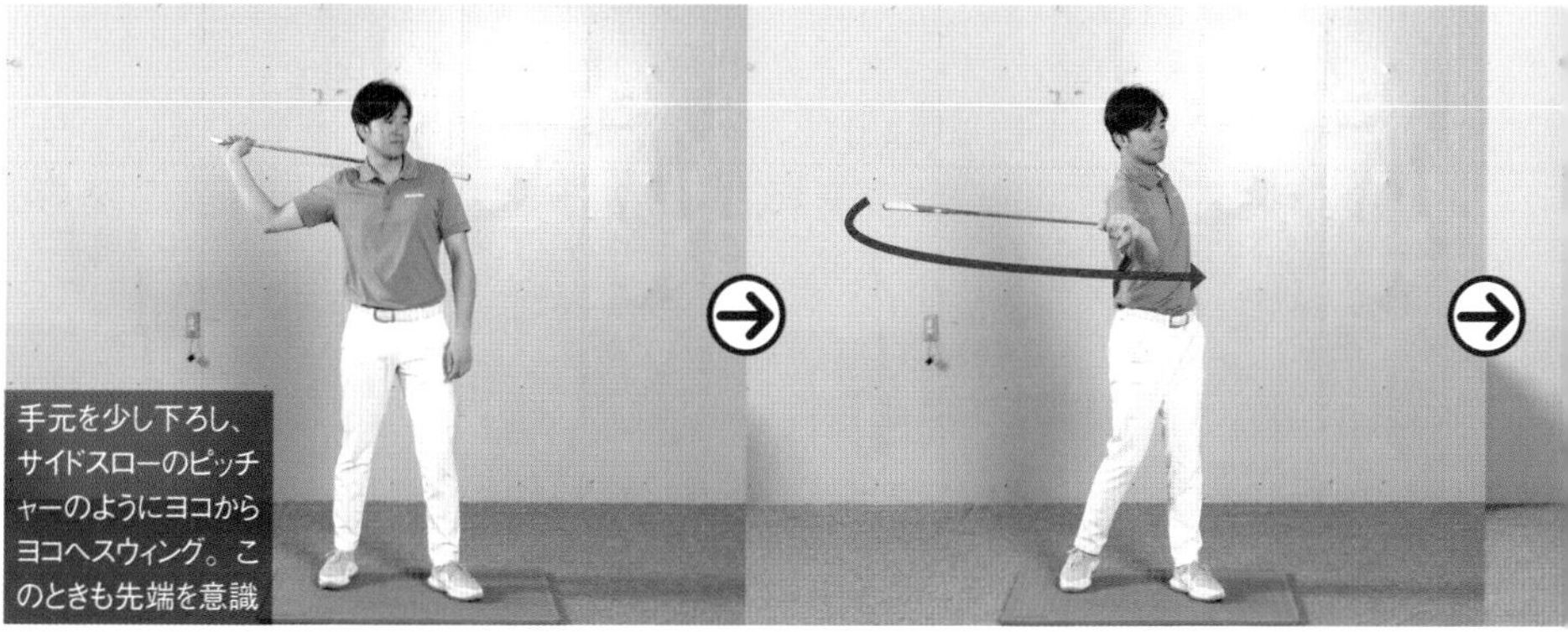

手元を少し下ろし、サイドスローのピッチャーのようにヨコからヨコへスウィング。このときも先端を意識

ゴルフスウィングのように振る

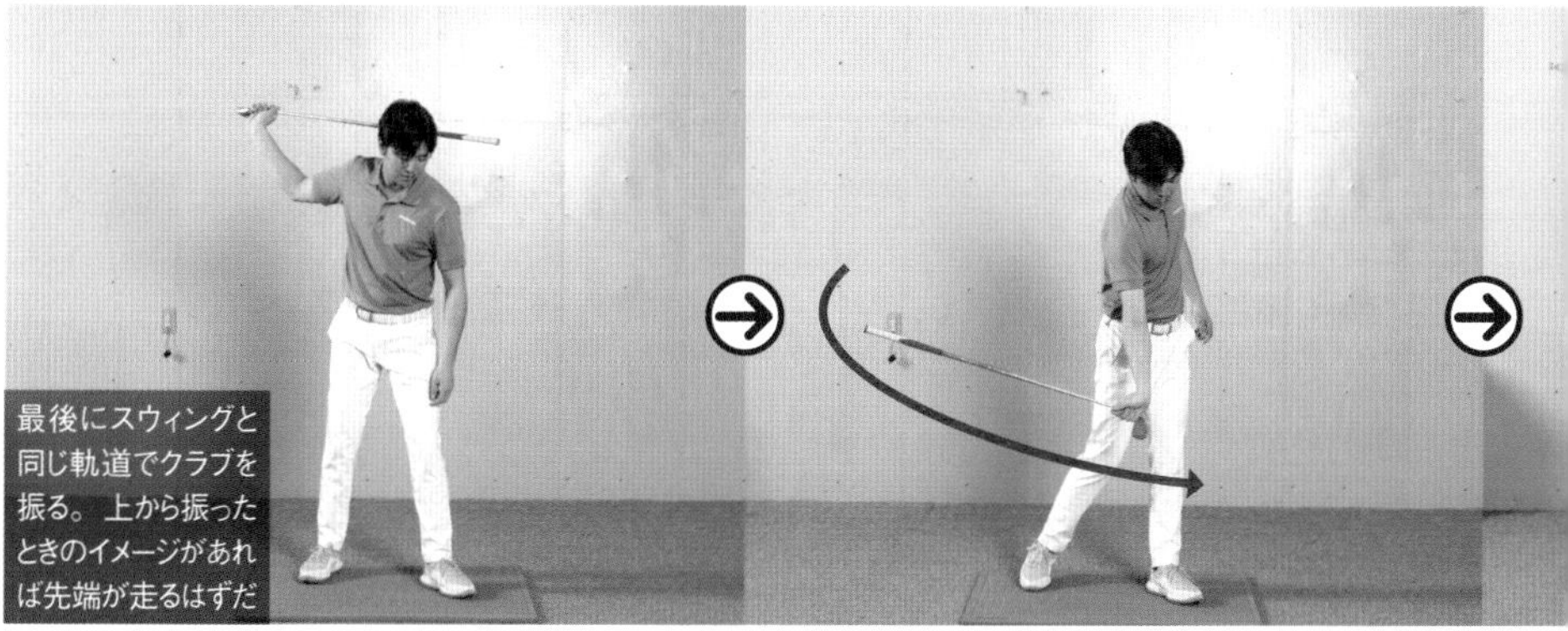

最後にスウィングと同じ軌道でクラブを振る。上から振ったときのイメージがあれば先端が走るはずだ

後ろ跳びの要領で右手を回す

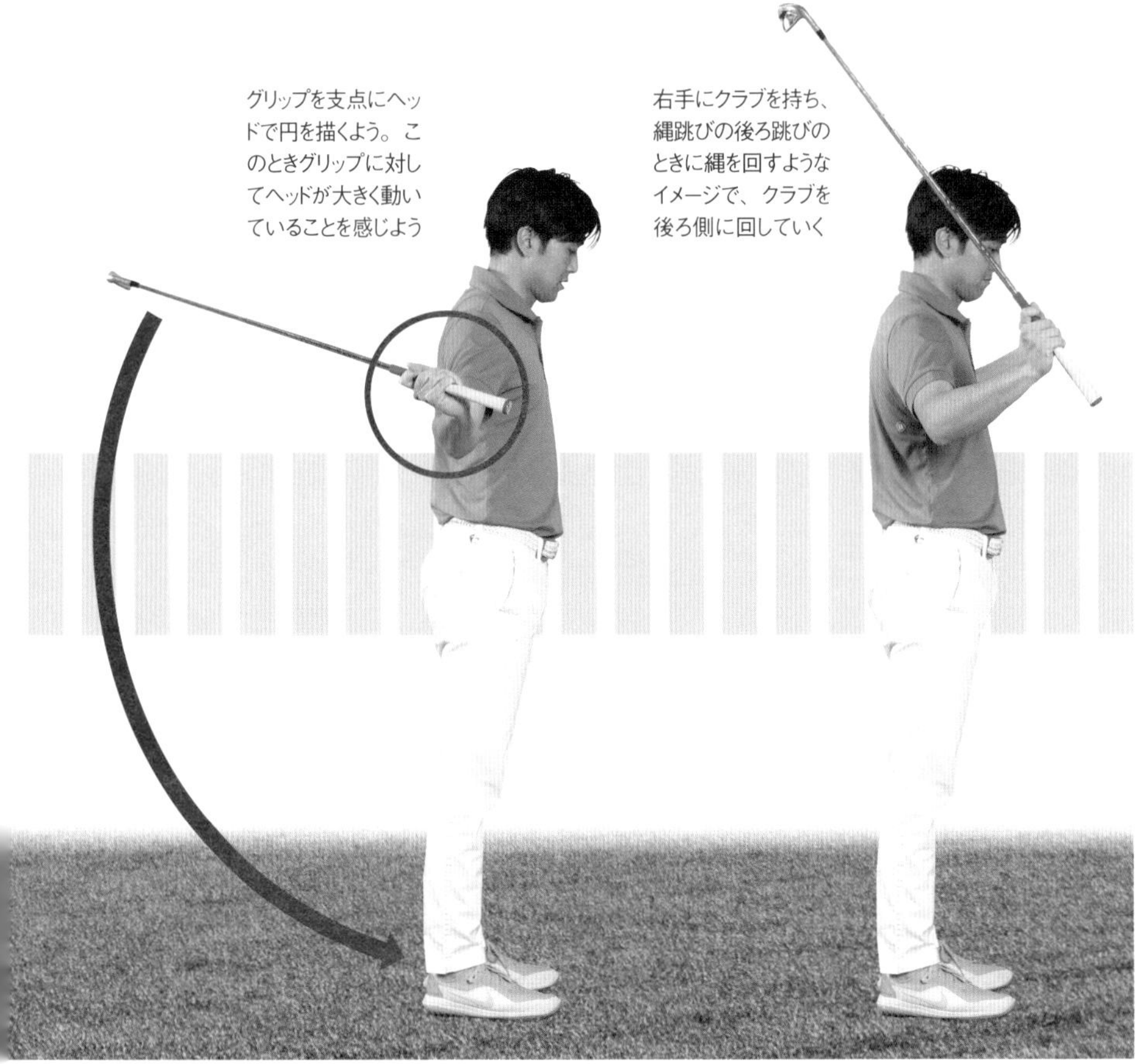

グリップを支点にヘッドで円を描くよう。このときグリップに対してヘッドが大きく動いていることを感じよう

右手にクラブを持ち、縄跳びの後ろ跳びのときに縄を回すようなイメージで、クラブを後ろ側に回していく

RIGHT HAND TEACHER

右手先生

右手を洗練させるドリル⑥

右手首のヒンジとヒジ先の旋回を覚える

右手の動きをマスターする“後ろ跳びドリル”

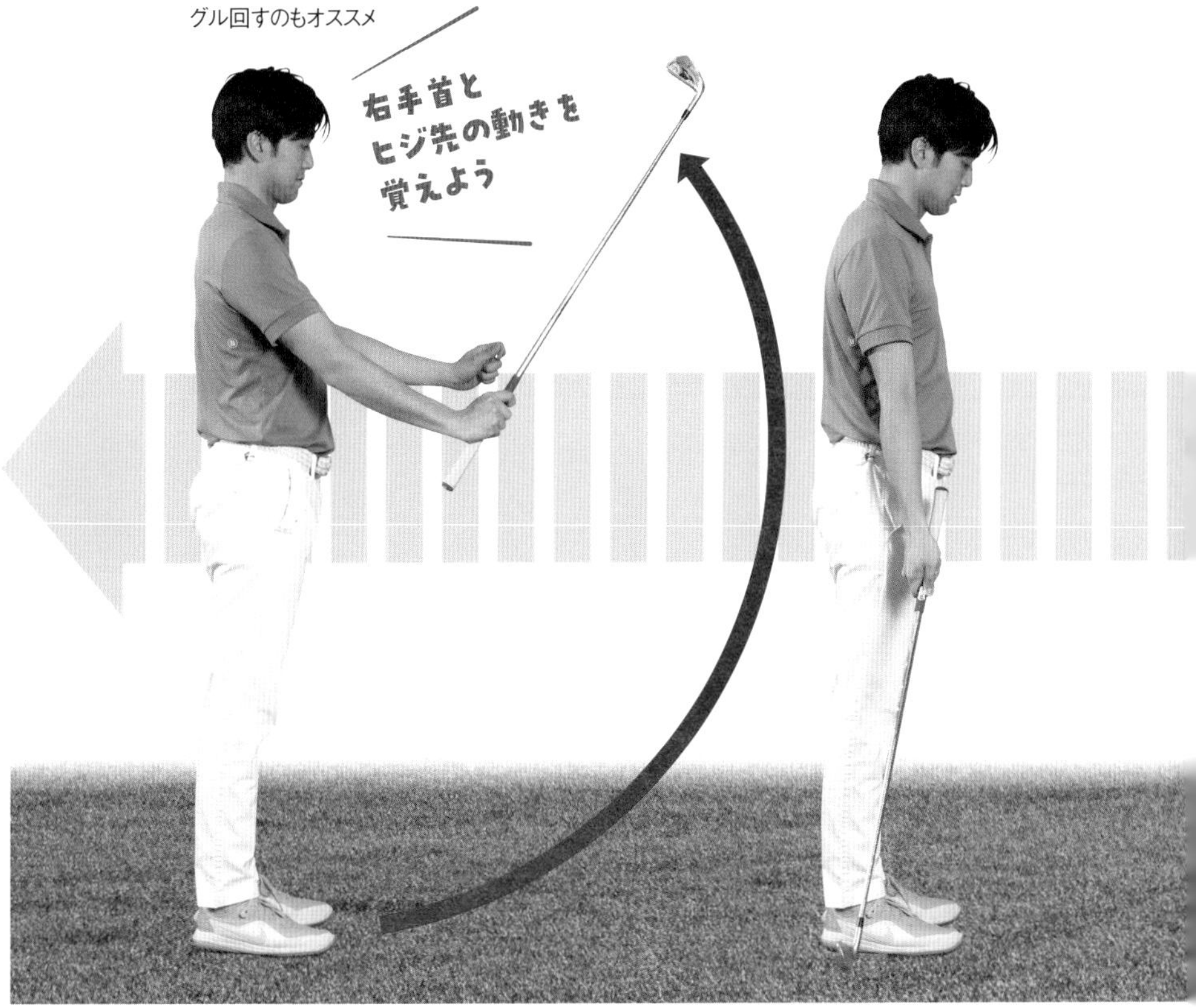
クラブを身体の正面まで持ち上げたら1セット終了。後ろ跳びのように何回かグルグル回すのもオススメ
右手首とヒジ先の動きを覚えよう
クラブを下に下ろしたときは、右手首も右ヒジも伸びた状態になる

クラブを後ろから回して戻す

スウィング中、右手首はヒンジのように折れたり伸びたりし、右のヒジ先は回りますが、この動きをスムーズにするためのドリルを紹介しましょう。名付けて、〝後ろ跳びドリル〟。

〝跳び〟という文字が入っていますが、ジャンプをするわけではありません。後ろ跳びをするとき、縄を後ろに回しますが、あの動きを右手で行うドリルです。

直立して右手にクラブを持ったら、クラブを後方へ回して身体の前に戻してください。この動きをやることによって、スウィングにおける手首とヒジ先の動きが体感でき、身体の動きも滑らかになります。

左足を踏み込んだままクラブを振り抜く。実際に球を打つと、ドローなどつかまった球になる

フィニッシュまで振り切ったら右足を元に戻す。ここからクラブを振り戻して、左足を前に出せば連続素振りに

RIGHT HAND TEACHER

右手先生

右手を洗練させるドリル⑦

歩きながらの右手素振りで腰の開きを抑える

左足を踏み出してからクラブを振る
“歩きながら素振り”

テークバックの途中で左足を踏み出す

スタートはいつものスタンスで立ち、右手でクラブを持ってテークバック。その途中から左足を前に出す

左足を踏み込んだ状態でスウィング。下半身に制限がかかった状態になり、腰が開かずにヘッドが走る

つかまる球が打てるようになる

切り返しからダウンスウィングで腰が開き、ヘッドが遅れてしまう。そういう人も多いと思いますが、そんなゴルファーにオススメしたいのが、右手で行う〝歩きながら素振り〟です。

スタート時点では両足を揃えておき、テークバックの途中で左足を一歩前に出し、クラブを振り抜いたら右足を前に出して元の形に戻ります。

これをやることで骨盤を開かずに左に踏み込む感覚が覚えられるほか、マスターすれば、ドローボールや低い球を打つときにも役立ちます。右手で覚えたら、〝両手歩きながら素振り〟もやってみましょう。

右手首を柔らかく使おう

手首の回転で
先端を入れ替えよう

右手でバトンの真ん中あたりを持ち、スウィングの動きをしながら先端を入れ替える。右手首が固いと最初は上手くいかないかもしれないが、次第に慣れてくるはず

RIGHT HAND TEACHER
右手先生
右手を洗練させるドリル⑧

バトンを使って手首とクラブの回転運動を覚える

右手首を柔らかく使うためのドリル

OK

クラブでも 先端を入れ替える

バトンでやるときと同じような動きが、クラブを持ったときにもできるように。クラブはグリップの下、できるだけ重心に近いところを持ち、テークバックとフォロースルーでヘッドを入れ替える

NG

手首の回転がないと 円弧が描けない

右手首を回転させる動きがないとクラブの動きも円弧にならない。アマチュアゴルファーによく見られる動きで、こうなるとフェースがターンせず、ボールのつかまりも悪くなる

自然なフェースターンが実現

スウィングにおいては、切り返しからインパクト後まで、手首を柔らかく回すことによってクラブを回転させることが大事です。しかし、アマチュアの中には、この動きができていない人がいます。そんな人にオススメなのが、〝バトンドリル〟。右手でバトン（細い棒状のものであればOK）の真ん中あたりを持ち、テークバックでは先端が上に、ダウンスウィング〜インパクトで下に、フォロースルーでは再び上に来るように回します。実際にクラブを振るときも、右手首がこのように動くと、正しいリリースができるほか、自然なフェースターンも実現します。

Column

ヘッドの先に遠心力を与えることで我々の力では及ばない速度が生まれる

この本の中にもたびたび登場する“遠心力”。物理学的には、円の中心に向かう“向心力”とつり合うように円の中心から遠ざかる力のことをいいます。簡単にいえば外に引っ張られる力なんですが、スウィングおいては、この遠心力が最大のエネルギーになります。我々人間がいくら力一杯クラブを振ったとしても、遠心力が生み出すエネルギーには勝てないのです。

つまり、ボールを飛ばそうと思うなら、遠心力を最大限にする方法を考えればいいということになります。

ここで登場するのが、右手です。先述したように、遠心力を働かせるためには、円の中心に引き続ける向心力が必要なわけですが、これを上手に、しかも力強くできるのが右手ということです。

クラブを引くのは、左手だと思っている人も多いと思いますが、身体の内側に引けるのは右手。遠心力を働かせるためにも、右手を使わなければいけないのです。

RIGHT HAND TEACHER

PART

3

ゴルフスウィングの
悩みを解決

RIGHT HAND TEACHER

右手先生

悩み解決①

右手ではきれいに振れたのに両手で握るとぎこちない!?

右手スウィングは完璧なのに
両手で上手くいかない場合はどうすればいい？

左手を
添えるだけで
振ってみよう
CLEAR
左手を少しずつ
右手に合わせよう

両手で1つの支点を作る

右手スウィングではきれいに振れるようになったのに、両手にすると動きがぎこちない。そういう人も多いようです。

その原因は、右手だけのときは支点が1点だったのに、左手が入ってきたことで支点が2点になり、振り子の動きを作りにくくなることにあります。

この問題を解決するためには、両手で1つの支点を作れるようにしていかなくてはいけません。

まずは「左手を添えて打つ」ことから始め、「左手を右手にかぶせる」、「左手は人差し指、中指、薬指だけで持つ」という段階を踏み、1つの支点を完成させていきましょう。

STEP1 左手は持たず添えるだけ

最初は左手をグリップしないで、左手を持つスペースのところに添わせてスウィング。右手メインのスウィングの動きに左手を慣らしていこう

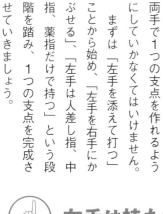

次に、左手を右手にかぶせるようにして振ってみよう。こうすると1つの支点で振ることができ、右手だけで振ったときと同じようにきれいな振り子運動になる

左手の親指と小指はグリップから離し、人差し指、中指、薬指だけをグリップに絡ませて握る。これで1つの支点を意識してスウィング。慣れてきたら全部の指を絡めよう

STEP2 左手を右手にかぶせる

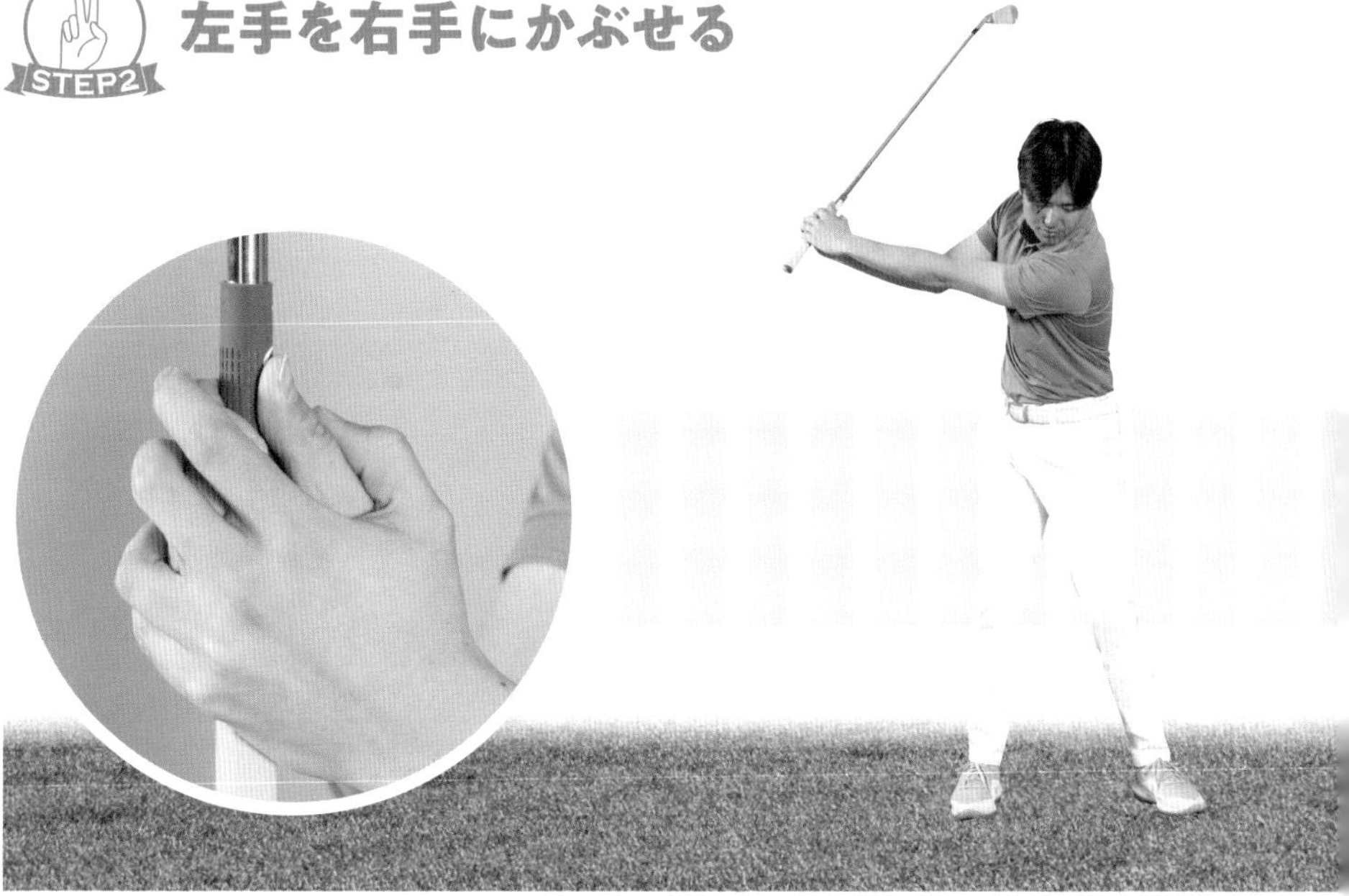

STEP3 左手の3本だけで持つ

RIGHT HAND TEACHER

右手先生

悩み解決②

左手が邪魔をして安定したスウィングができない！

左手の力が抜けていないような気がする…

CLEAR

左手小指を外してボールを打とう

左手は邪魔しない程度に

左手に力が入り過ぎているゴルファーはたくさんいます。そしてそれが、右手なら誰でもできるきれいなスウィングを妨げていることがよくあります。

左手が力んでいたり、邪魔をしていると感じたときは、思い切って左手の小指をグリップから離してみましょう。そうするだけで左手の握る力は大きく弱まり、右手でコントロールしやすくなります。

「小指を外すと、左手の握りが甘くなってグリップが緩むのでは?」と思う人もいるでしょうが、心配はご無用。左手は少々緩くてもスウィングに大きな影響はありません。

左手の小指を外す

意外と力が強い左手小指。これをギュッと握ってしまうと、右手でクラブをコントロールできなくなる。右手の動きを優先したかったら、小指はあまり強く握り過ぎないほうがいい

RIGHT HAND TEACHER
右手先生
悩み解決③

両手で握ると スライスが出やすい！

両手でしっかり握るとスライスが出てしまう…

左手はゆるゆるでもいい

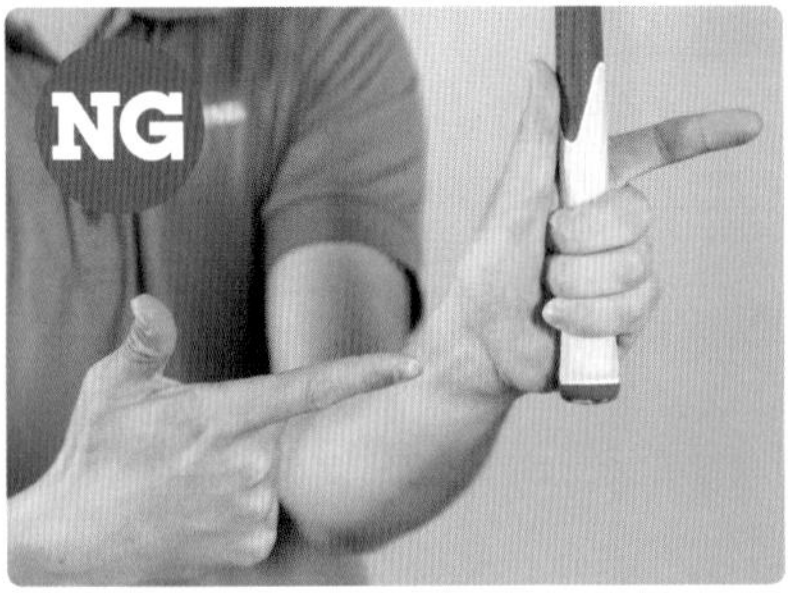
NG

ガチガチに握るのは禁物

「左手はしっかり握るべき」と思っている人が多いが、強く握り過ぎると右手の動きを邪魔してしまうので要注意

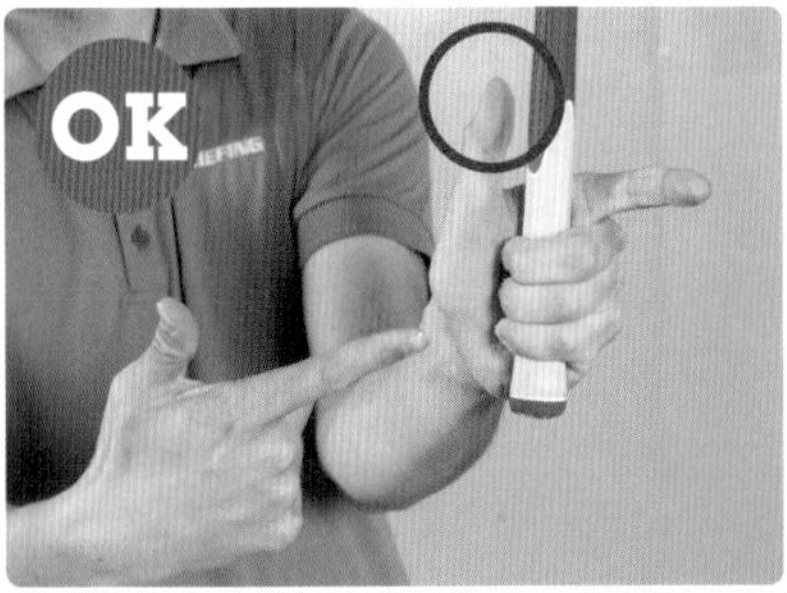
OK

親指側も少し緩める

緩めに握るためには小指側を緩めるのが一番だが、親指側も少しゆるゆるに。そうすれば右手の動きがスムーズになる

左に力が入ると
フェースが
開いて当たる
CLEAR
左手を緩めれば
スライスは直る

左手がスライスの原因に

80ページで、「左手小指を外しましょう」という話をしましたが、そもそも左手というのはあまり握り込まないほうがいいでしょう。その理由は、左手を強く握り過ぎると、フェースのターンが妨げられてしまうからです。

また、ギュッと握ろうと思うと、左前腕が回内するので、構えた時点でフェースが開く形になります。開いた上にフェースが返らないので、スライスするのは当然です。

左手が〝悪〟というわけではありませんが、右手スウィングの長所を生かすためにも、左手は少し柔らかめに握りましょう。

力が入るとフェースが開く

左手の力を抜けばスクェアに

左手に力が入っていなければ、フェースの向きもスクェアになりやすい。フェースターンも自然と行えるので球がつかまる

構えたときにフェースが開く

左手に力が入ると、前腕が内側に回るので、構えた時点でフェースが開いた形になる。これでは球をつかまえにくくなる

RIGHT HAND TEACHER

右手先生

悩み解決④

長いクラブを振るとダフってしまう!

右手だけだと気持ち良く振れるのに
両手になると長いクラブでダフリが出る

フォロースルーでは手が入れ替わり、長いクラブでも右手スウィング同様、気持ち良く振り抜ける

CLEAR

右手を支点にクラブを入れ替える

右手支点の切り返し

切り返しの辺りで左手が遠くにいき、両手の長さが揃っているのが理想

左手支点の切り返し

左手支点だとダウンで右ヒジが曲がるので気持ち良く振れなくなる

左手でクラブを引っ張らない

右手だけで振っているときは左サイドに邪魔するものがないのですが、左手が入るとそれが邪魔になり、手の入れ替えという余計な作業をしなくてはいけなくなります。

そして、この入れ替えが上手くいかないと、左サイドが上手く畳まれず、ヘッドがボールの手前に当たってしまいます。

これを克服するには、スプリットハンドでグリップし、右手を支点にしてクラブを振る練習がオススメ。左手でクラブを引っ張ろうとせず、右手支点でクルッと入れ替える。この練習をやれば、右手の動きを左手が邪魔しない感覚が覚えられます。

スプリットハンドで入れ替えの練習を

長いクラブをスプリットハンドで持ち素振り
※ここでは分かりやすいようにアイスホッケーのスティックを使用

スプリットハンドで持って右手を支点にして振ることで、左サイドが邪魔をしない動きが体感できる

スプリットハンドで入れ替える感覚を養おう

RIGHT HAND TEACHER

右手先生

悩み解決⑤

ヘッドが走る感覚を味わいたい!

ヘッドをビュンと走らせるための方法があったら教えて欲しい

左手を支点に右手を押す動きだと、身体が起き上がりやすくなるし、アーリーリリースにもなりやすい

ダウンでは右手を支点に左手を引き上げよう

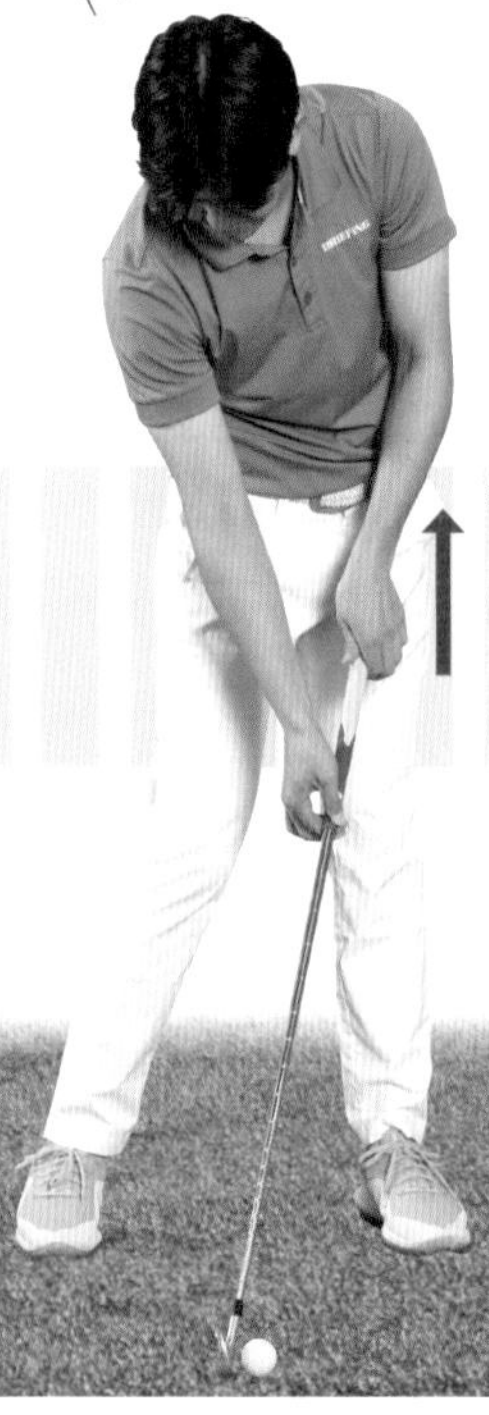

切り返し後は右手を支点に左手を引き上げる。左手を支点に右手を押す形だと、左手の動きを止めないと当たらない

右手支点なら地面反力が使えてヘッドも走る。この動きを、左手を支点にやるとただ身体が起き上がるだけになる

CLEAR

右手を支点にして左手を引き上げる

右手支点なら遠心力も働く

ヘッドを走らせるために大事なのは、右手と左手の関係性です。これもスプリットハンドでやると分かるのですが、多くのゴルファーは、左手を支点にして右手を押すという動きをしています。しかしこのやり方だと、地面のほうに身体を向かわせなければならず、地面からの力をもらうことができません。

地面から大きな力をもらうためには、右手を支点にして、左手を引き上げる動きが必要なのです。まずはスプリットハンドでクラブを持ち、テークバックでは左手を押し、ダウン以降は左手を引き上げてください。遠心力も働きヘッドが走りますよ。

右手を支点に左手で操作する

左手でグリップの端、右手でグリップの下辺りを両手ともつまむようにして持つ。ここでは右手が支点になる

テークバックでは、右手には力を入れないで、左手を押す。そうするとクラブは持ち上がる

テークバックでは
右手を支点に
左手を押そう

飛距離UPのために右手のスピードを上げたい

右手のスピードはどうやったら上がるのか？

ペットボトルを身体の前で揺する

水が半分くらい入ったペットボトルを使用。これを左右に揺らす

お腹の力を指先に伝えることを意識しながら、ペットボトルを小刻みに揺らす。バシャバシャと音が鳴ればOK

ヒジを固定してお腹の力で小刻みに揺らそう

CLEAR

お腹の力を使うことを覚える

体幹アップにも繋がる

右手を速く振ろうと思っても、スピードが上がらない。そういう人は、お腹の力が指先に伝わっていない可能性があります。というのも、腕と身体は繋がっていて、お腹が動かなければ手も動かないからです。

そういう人にオススメなのが、水入りペットボトルを身体の前で小刻みに揺らすドリル。中の水がバシャバシャと左右に揺れている場合は、しっかりお腹の力を使っている証拠。音が聞こえない人は、お腹の力と両ヒジの位置を意識しながらペットボトルを揺らしてください。

これができるようになれば、飛距離は確実にアップします。

ヒジが身体から大きく外れる

ヒジが身体から外れてしまうとバシャバシャと音を鳴らすことができない。男性ゴルファーにはこのように身体が大きく動いても、ヘッドに力を伝え切れていない人が多い

身体の動きに対して手元が遅れる

身体の動きに対して手の動きが遅れる場合もバシャバシャ鳴らない。これは女性ゴルファーによく見られるパターンで、お腹の力が伝わらず、ヘッドスピードも上がってこない

RIGHT HAND TEACHER
右手先生
悩み解決⑦

実際のスウィングでもお腹の力をヘッドに伝えたい

どうやったらお腹の力ヘッドに伝わるの？

CLEAR

まずはお腹の力でワッグルをしよう

OK **グリップから動き出すワッグル**

ワッグルのときから、お腹の力を使ってクラブを上げるのが正解。プロは準備段階として、手と身体との一体感を感じてから実際のスウィングに入る。常にお腹の力を使うことを意識しているのだ

ワッグルのときから右手とヘッドに力を伝えよう

プロはお腹の力で上げている

水の入ったペットボトルで、お腹の力を指先に伝える動きを覚えたら、次はヘッドに伝える動きを覚えましょう。

最初にやって欲しいのは、ワッグルです。ほとんどのゴルファーは、打つ前に何となくクラブを動かしているだけのワッグルをやっていますが、プロや上級者はお腹の力を使ってワッグルをしています。この時点から、手と身体との一体感を意識しているのです。だからこそ、ショットでも身体を使ったスウィングができるのです。

皆さんも手先だけクラブを揺らすのではなく、お腹の力を使ってワッグルをしましょう。

NG クラブヘッドから上がらないようにする

ワッグルのときにお腹の力を使わず、手でヒョイと上げてしまうと、実際にボールを打つときもこの動きが出てしまう。ワッグルは手で上げるのではなく、お腹の力で上げるということを覚えておこう

RIGHT HAND TEACHER
右手先生
悩み解決⑧

右手先生が生きる始動の仕方を教えて

テークバックの始動で右手はどう動かせばいいの？

ペットボトルを押して始動

お腹に力を入れて真っ直ぐ押そう

ペットボトルを真っ直ぐ押すイメージでテークバック。小手先ではペットボトルは動かないので、お腹に力を入れて始動する感覚が身に付く

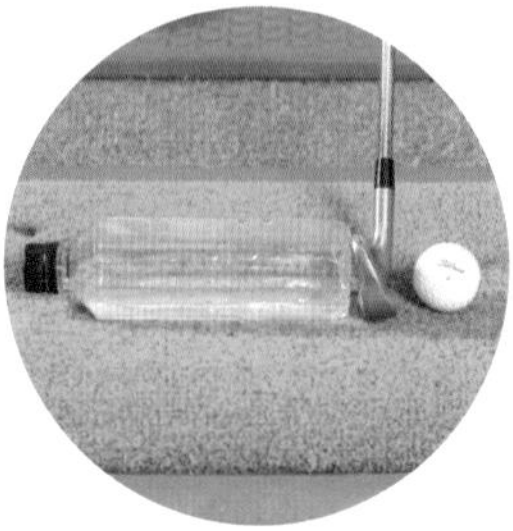

水の入ったペットボトルをヘッドのすぐ後ろにセットする

CLEAR

お腹の力を使って真っ直ぐ引く

力強い始動が必要

バックスウィングに関しては、34ページで、「右手で飛球線後方にクラブを投げるイメージで」という話をしましたが、この動きに持っていくためにも、力強い始動が必要になってきます。

イメージとしては、水の入ったペットボトルを飛球線後方にグッと押すような感じ。この動きをするためには、何度もいうように、お腹の力を手に伝えてクラブを動かす必要があります。

実際にヘッドの後ろに水の入ったペットボトルを置いて、テークバックの動きをしてみましょう。実際のスウィングでもそのイメージで始動すれば、正しい位置にクラブが上がります。

手の力だけで押すと軌道が不安定になる
NG

小手先だとペットボトルは真っすぐ動かない

手と身体とが一体になった動きにならないと、ペットボトルを真後ろに押すことはできない。ペットボトルが真っ直ぐ押せるようになるまで練習しよう

RIGHT HAND TEACHER
右手先生
悩み解決⑨

飛ばしたいのに クラブを速く振れません

クラブを速く振るにはどうすればいいの？

STEP1

両手を広げて左右で手を合わせる

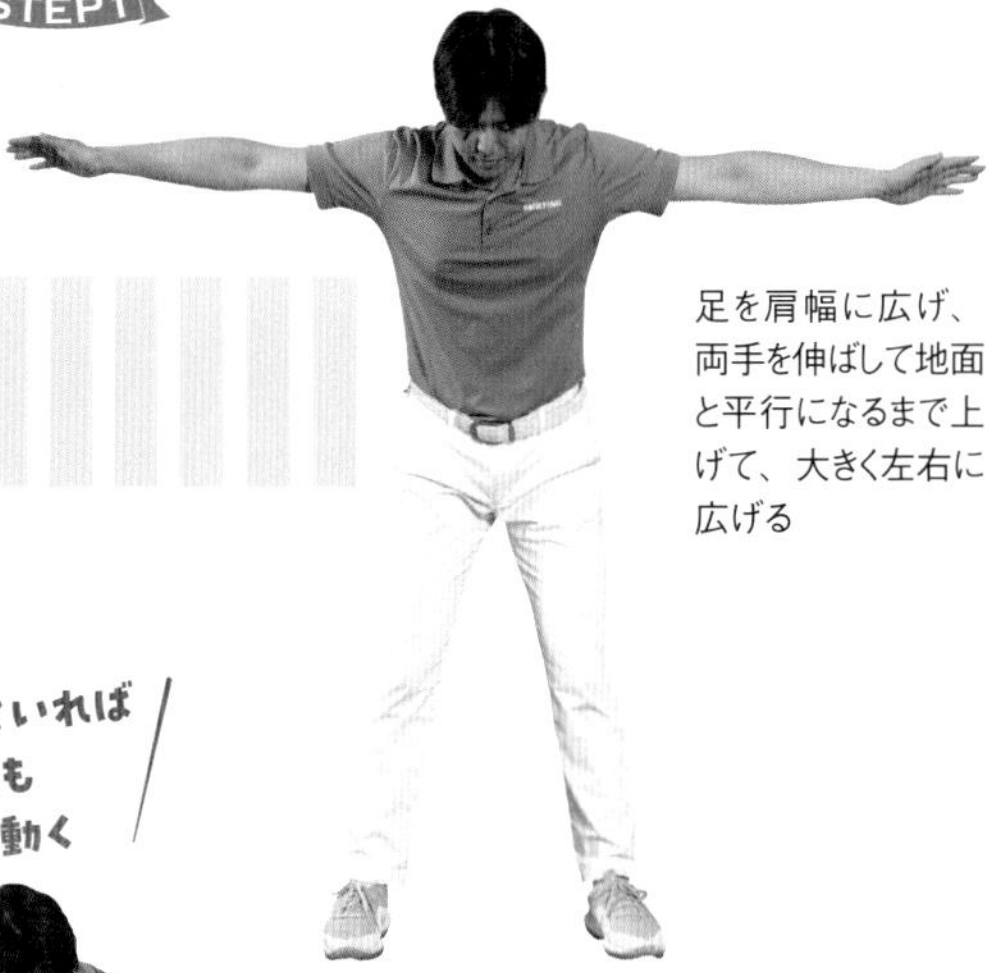

足を肩幅に広げ、両手を伸ばして地面と平行になるまで上げて、大きく左右に広げる

腕が伸びていれば
手元も
大きく動く

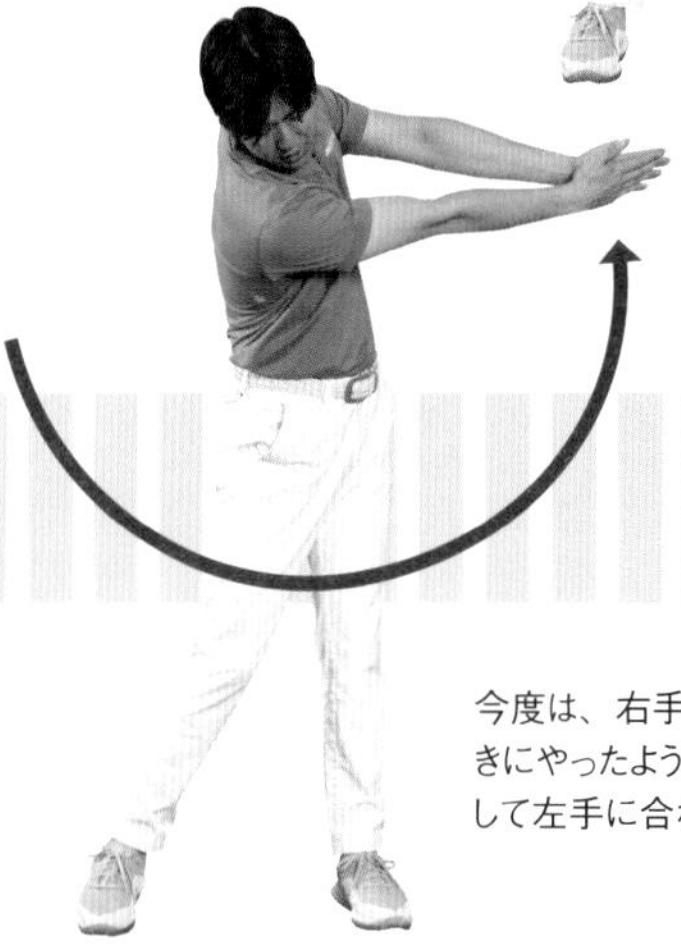

今度は、右手を左手のときにやったように下から回して左手に合わせる

再び右手を下から回して元の位置に戻す。この動きを何度か繰り返す。準備運動にもなるので練習前にぜひ

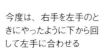

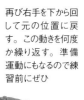

大の字体操で手元の速度を上げる

CLEAR

上半身リードで飛ばす

飛びの重要な要素となるヘッドスピードを上げるには、下半身の回転速度を上げる必要があると思っている人も多いようです。しかし実際は、ハンドスピードを上げないとヘッドスピードは速くなりません。

そこでハンドスピードを上げるために有効な3ステップからなる〝大の字体操〟をご紹介。

腕が伸びた状態であれば、手元を動かすと胸も動くし、手元の軌道を最大化させるために骨盤が動き、足も動いてきます。つまり、この体操で上半身の動きを覚えれば、下半身も動くようになり、スピードもアップするということ。ぜひお試しを。

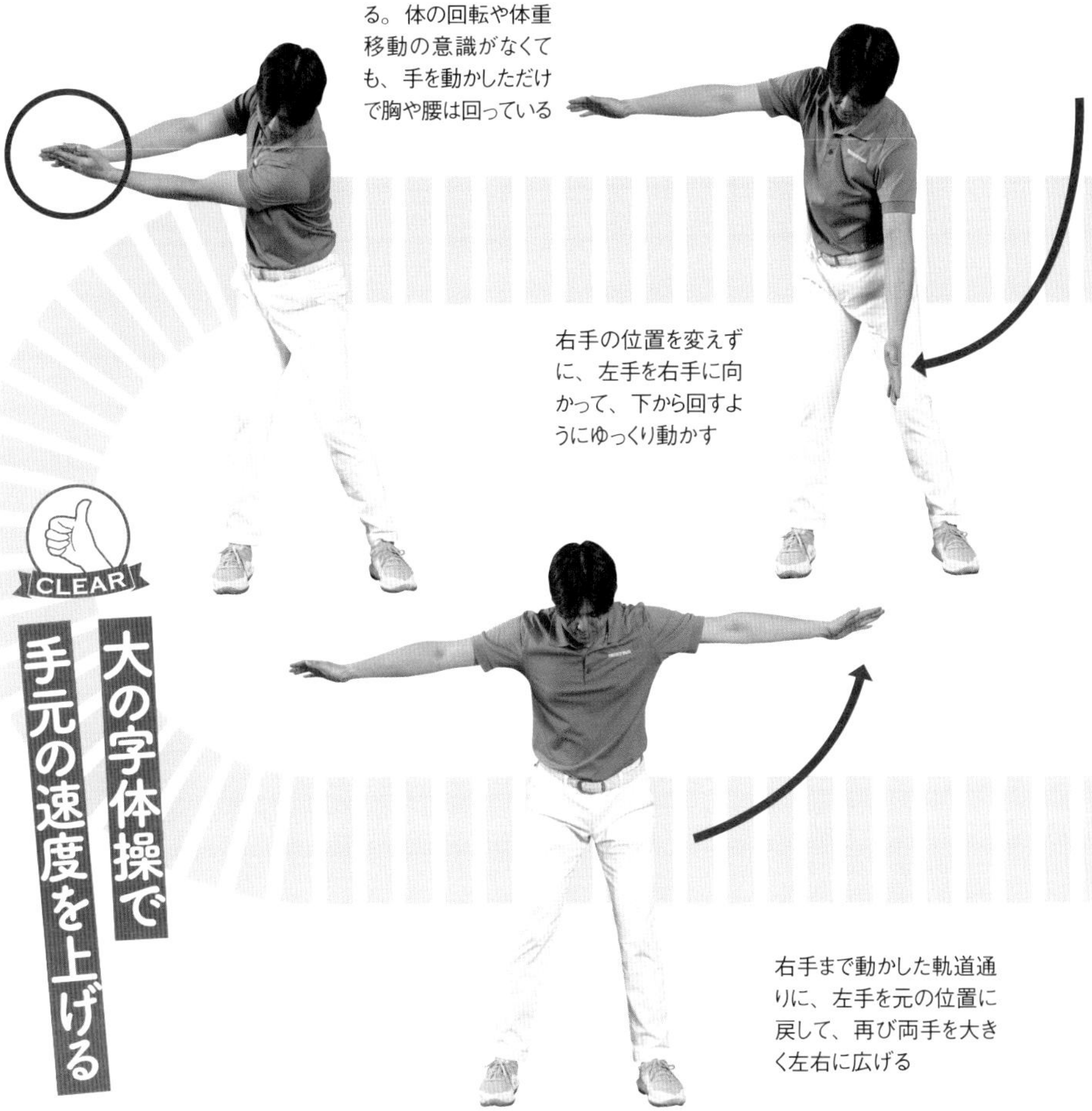

右手まで動かした軌道通りに、左手を元の位置に戻して、再び両手を大きく左右に広げる

右手の位置を変えずに、左手を右手に向かって、下から回すようにゆっくり動かす

右手と左手を合わせる。体の回転や体重移動の意識がなくても、手を動かしただけで胸や腰は回っている

両手を合わせてバックスウィング。両手を伸ばしたまま大きく回す

両手を合わせたままゆっくり戻す。腕が曲がらないように意識

両手をフォロー方向に伸ばす。腰の回転などは意識する必要なし

両手の間隔を変えずにバックスウィング。力を抜いて大きく動かす

動きを止めずにフォロースルー。このときも両手の間隔を変えないように

左右連続でやって、徐々にスピードを上げていこう

STEP2 両手合わせでシャドースウィング

腰が引けて逆側に倒れてはダメ

バックスウィングでもフォロースルーでも腰が引けないように注意。身体の回転は意識しないで、伸ばした腕を左右に振り上げるイメージで

両手を真下にまっすぐ伸ばし、手のひらを合わせる

STEP3 腕を速く振ってみる

腕の振りと足の動きが合わない

力が入って腕の重さを感じることができないと、腕の振りとステップが合わなくなる。スピードを上げるためにも腕の重さを感じるように

両手とも真っ直ぐ下に伸ばし、腕の重さを感じる。両手は平行の関係

RIGHT HAND TEACHER

右手先生

悩み解決⑩

右手素振りのときのような慣性が感じられない

両手でクラブを振ったときも慣性が働いているの？

CLEAR

連続素振りであえてバランスを崩す

途中までは普通の連続素振りだが、最も力がかかったほうにバランスを崩す。例えばフィニッシュまでいったら、あえて左側に倒れる。そうすることによって、スウィング中、いかに大きな慣性がかかっているかが実感できる

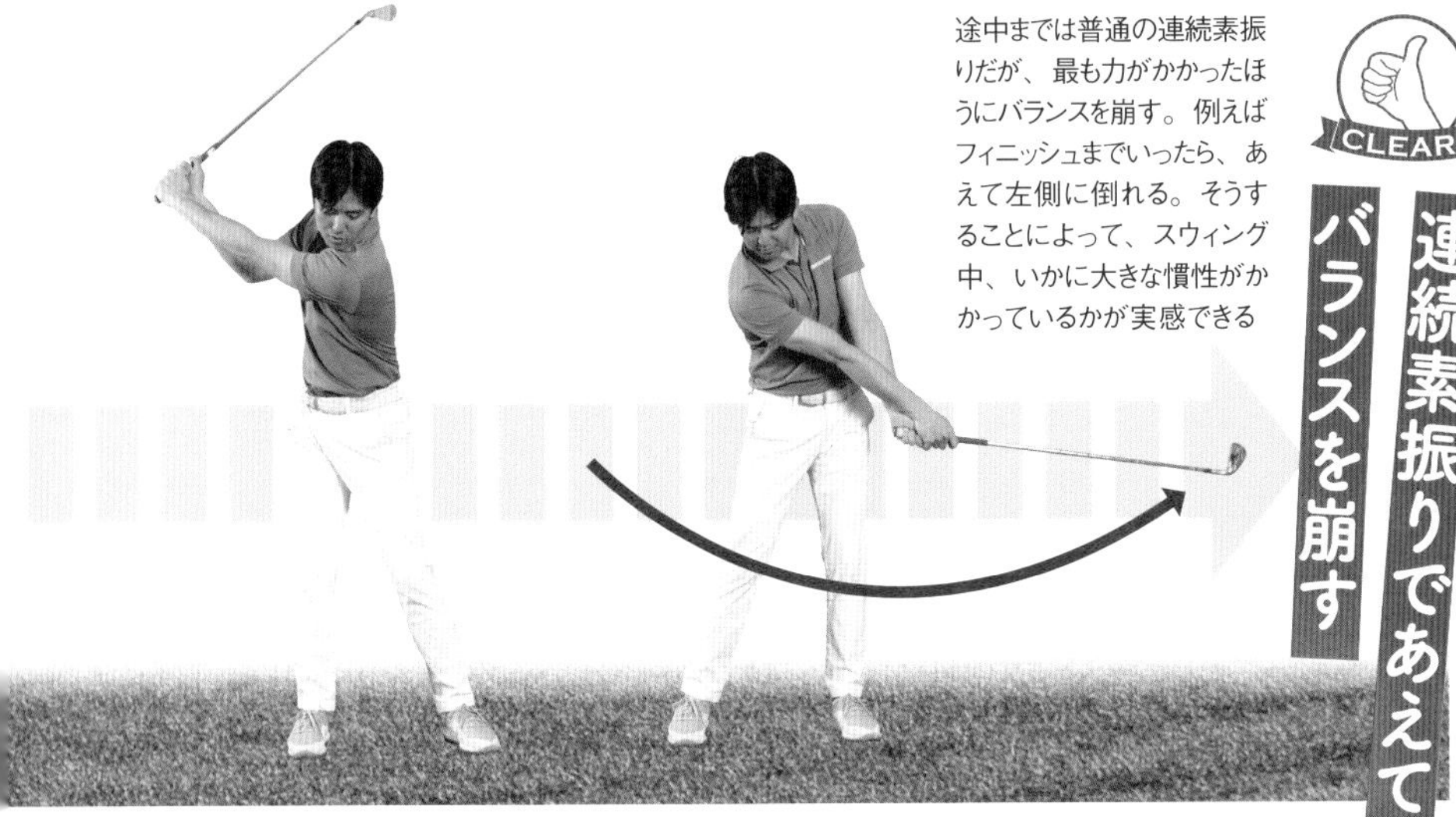

意外と強くかかっている慣性

右手で振っているときは、何となく慣性を感じられたけど、両手でスウィングするとそれが感じられない。原因は、無理矢理クラブをコントロールしようとする〝力み〟にあります。

この問題を解決するためにオススメなのが、連続素振りの途中で力のかかるほうにわざとバランスを崩す〝アンバランス素振り〟です。

例えばバックスウィングでクラブを上げたときに右側に体を倒したり、フォローでは右足を前に踏み出すといったように。これをやることで、スウィング中、大きな慣性がかかっていることが実感できます。

クラブを上げたほうに倒れる

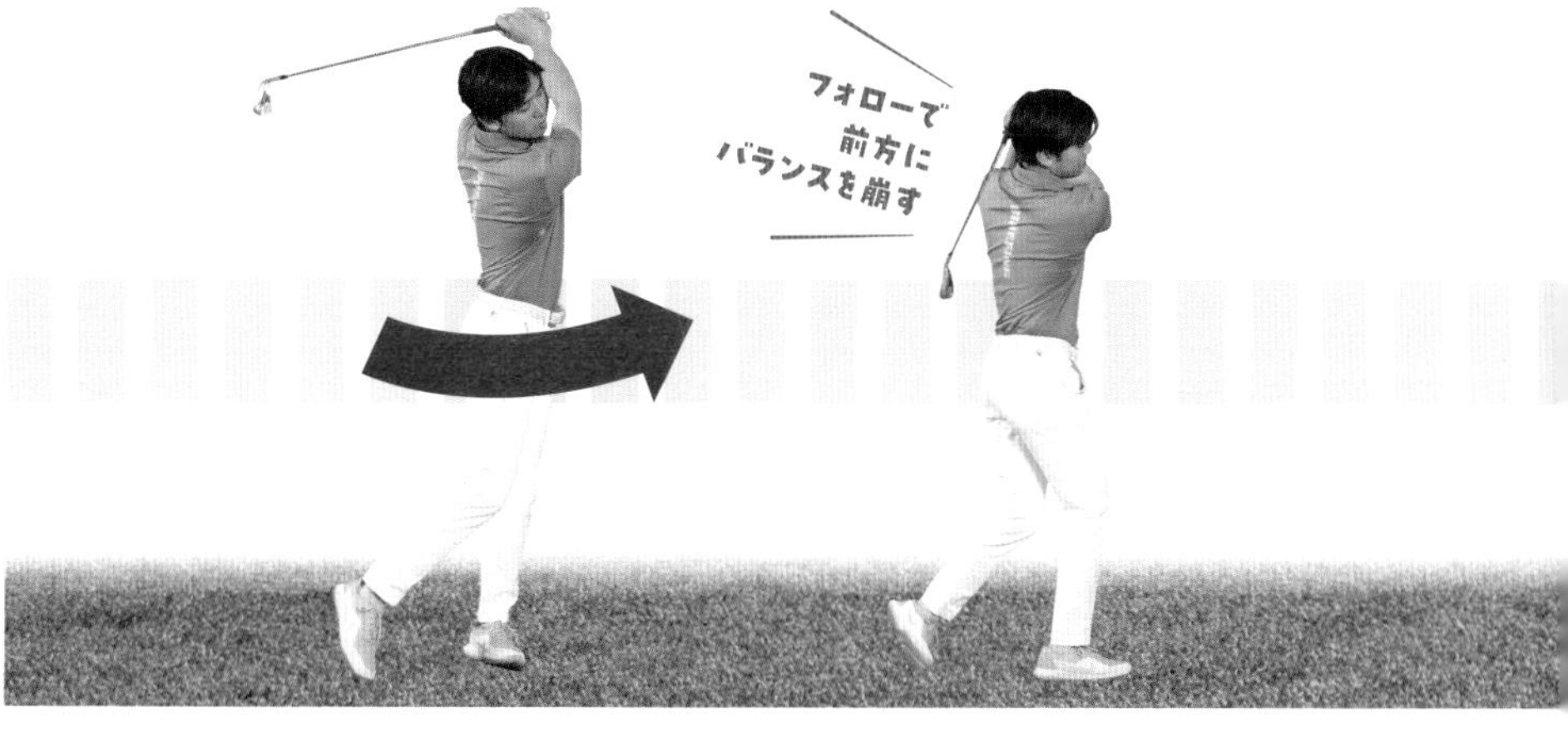

RIGHT HAND TEACHER
右手先生
悩み解決⑪

「クラブが外に引っ張られる」の意味が分からない!

遠心力をイメージできるドリルがあれば教えて

ペットボトルをグルグル回そう

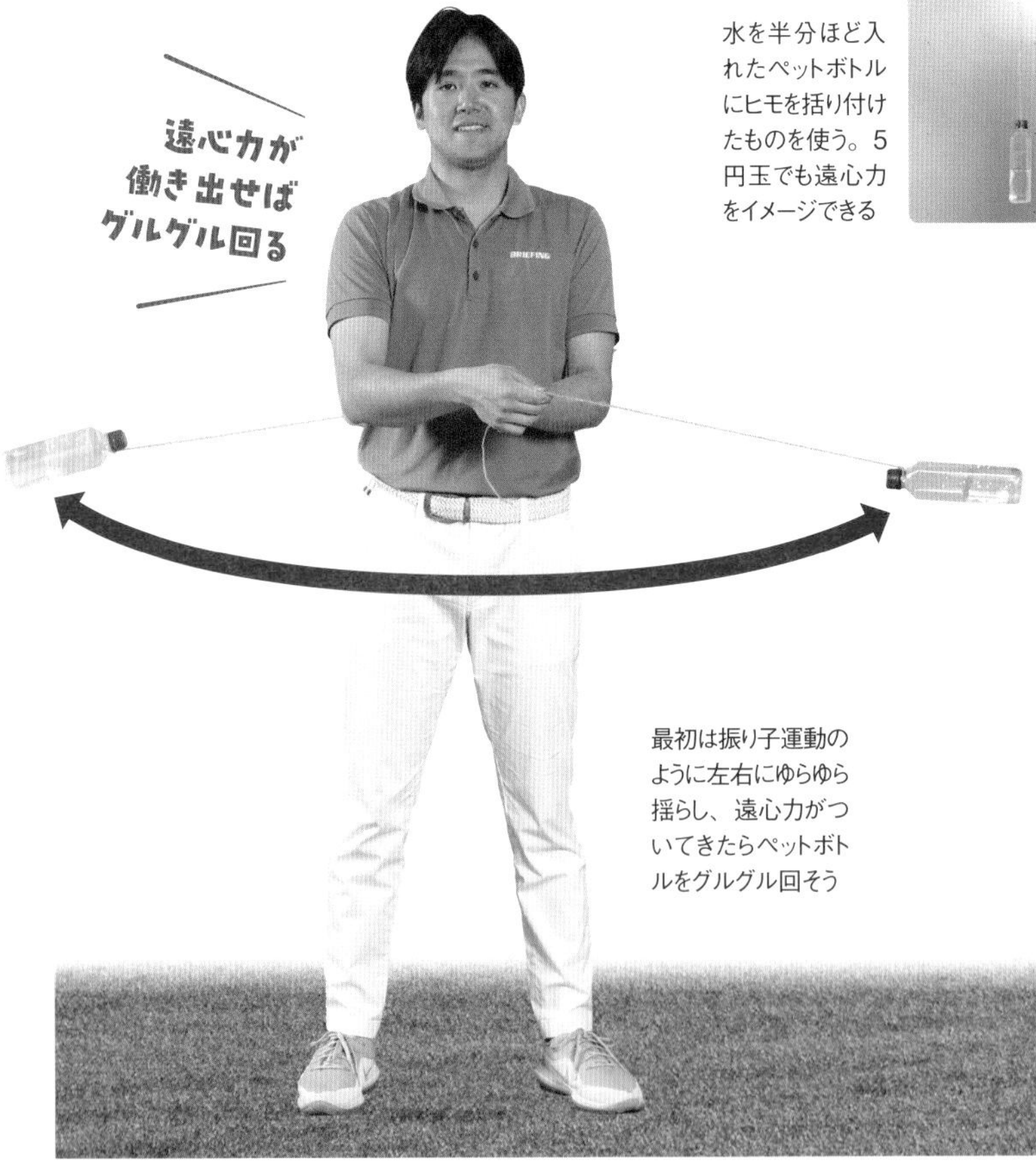

水を半分ほど入れたペットボトルにヒモを括り付けたものを使う。5円玉でも遠心力をイメージできる

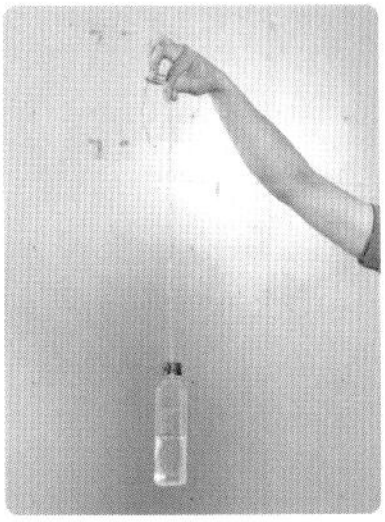

最初は振り子運動のように左右にゆらゆら揺らし、遠心力がついてきたらペットボトルをグルグル回そう

CLEAR

ペットボトル回しで遠心力感じよう

遊びながら遠心力を体感

遠心力が大事なのは分かったけど、体にはどんな力がかかるのか。それを実感したい人は、"ペットボトルグルグル回しドリル"をやってみましょう。

水を半分ほど入れたペットボトルにヒモを括《くく》り付け、振り子のように揺らした状態からグルグル回すだけのドリルです。遊びのようなドリルですが、これをやることで、クラブを引いて使う感覚や支点をつくって回す感覚が分かってきます。

ペットボトルでその感覚がつかめたら、クラブを持って振り子の動きからクラブを回してみましょう。クラブでも遠心力が感じられるはずです。

OK

親指、人差し指、中指の3本で摘まむ

ペットボトルをまわすとき、ヒモは親指、人差し指、中指の3本で摘まむような感じで持つ。そのほうが遠心力が働き、グルグル回しているときに遠心力を感じやすい。柔らかく持つのはクラブと同じ

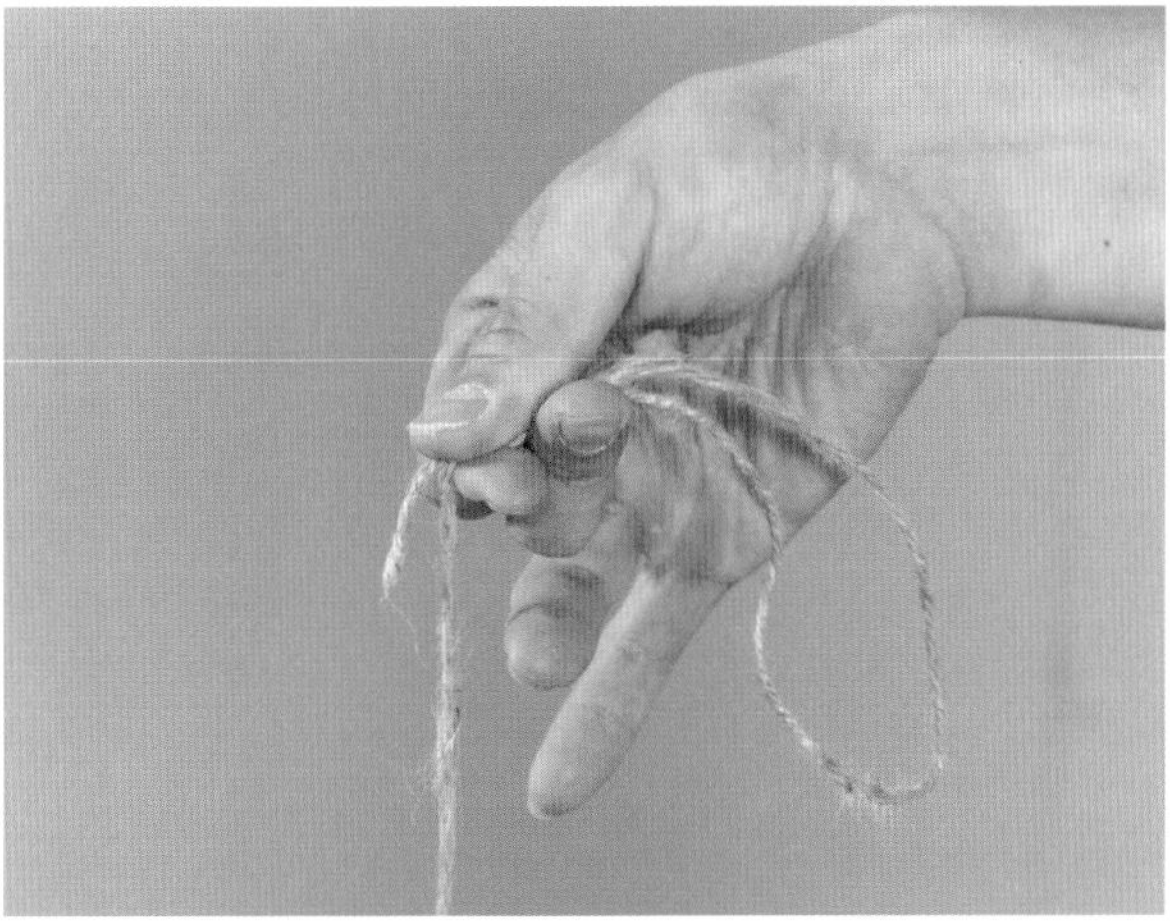

NG

小指側3本で強く握ってはダメ

中指、薬指、小指の3本指で指に引っかけるように持ってしまうと、ヒモの動きがブロックされるような感じになって遠心力の働きが弱くなる。クラブでもこのように握りしめるように持つのは禁物

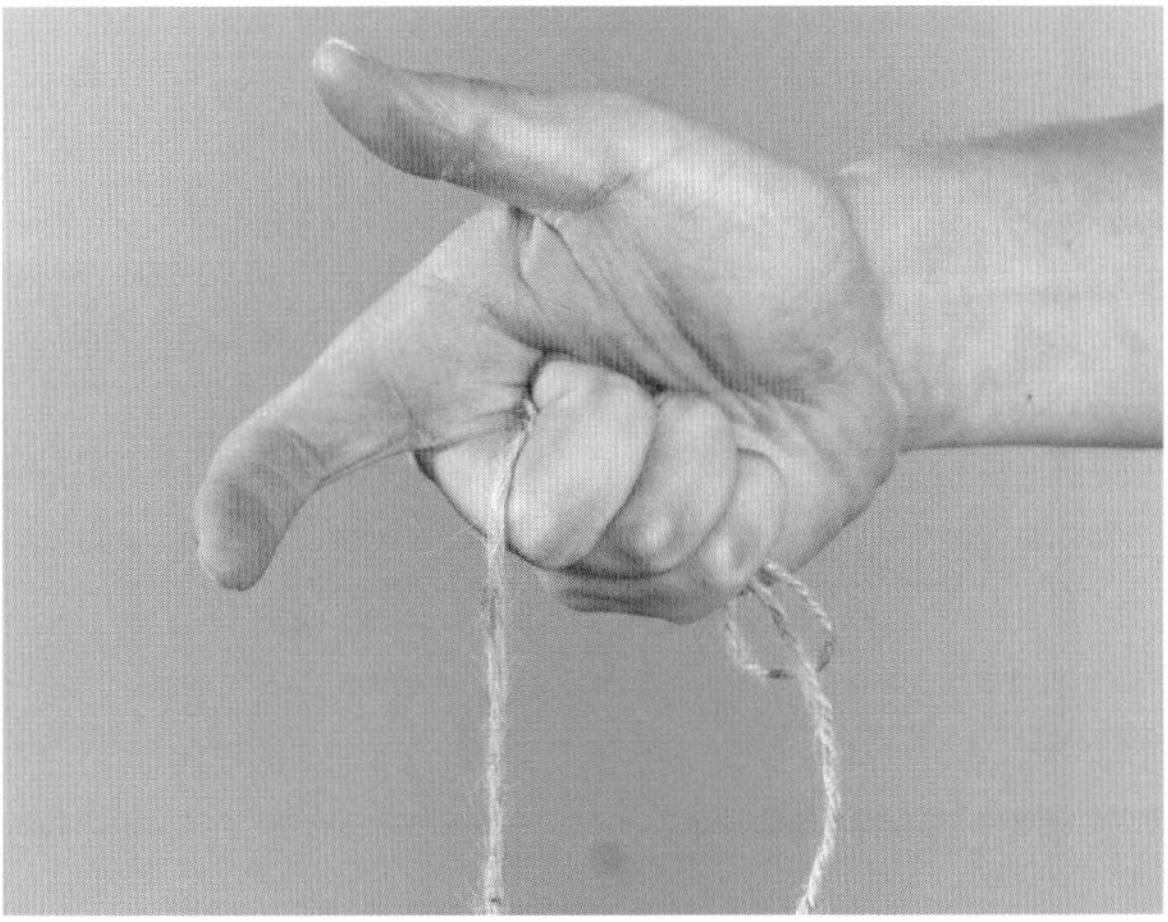

RIGHT HAND TEACHER
右手先生
悩み解決⑫

右手を力強く使うためにも頭のブレを抑えたい！

頭がブレないようにするためにはどうすればいい？

身体を左に回すと同時に、首は右に入れ替える。この動きがあれば、首の支点が動かなくなり、軸もブレない

CLEAR

首を固定するのではなく首を入れ替える

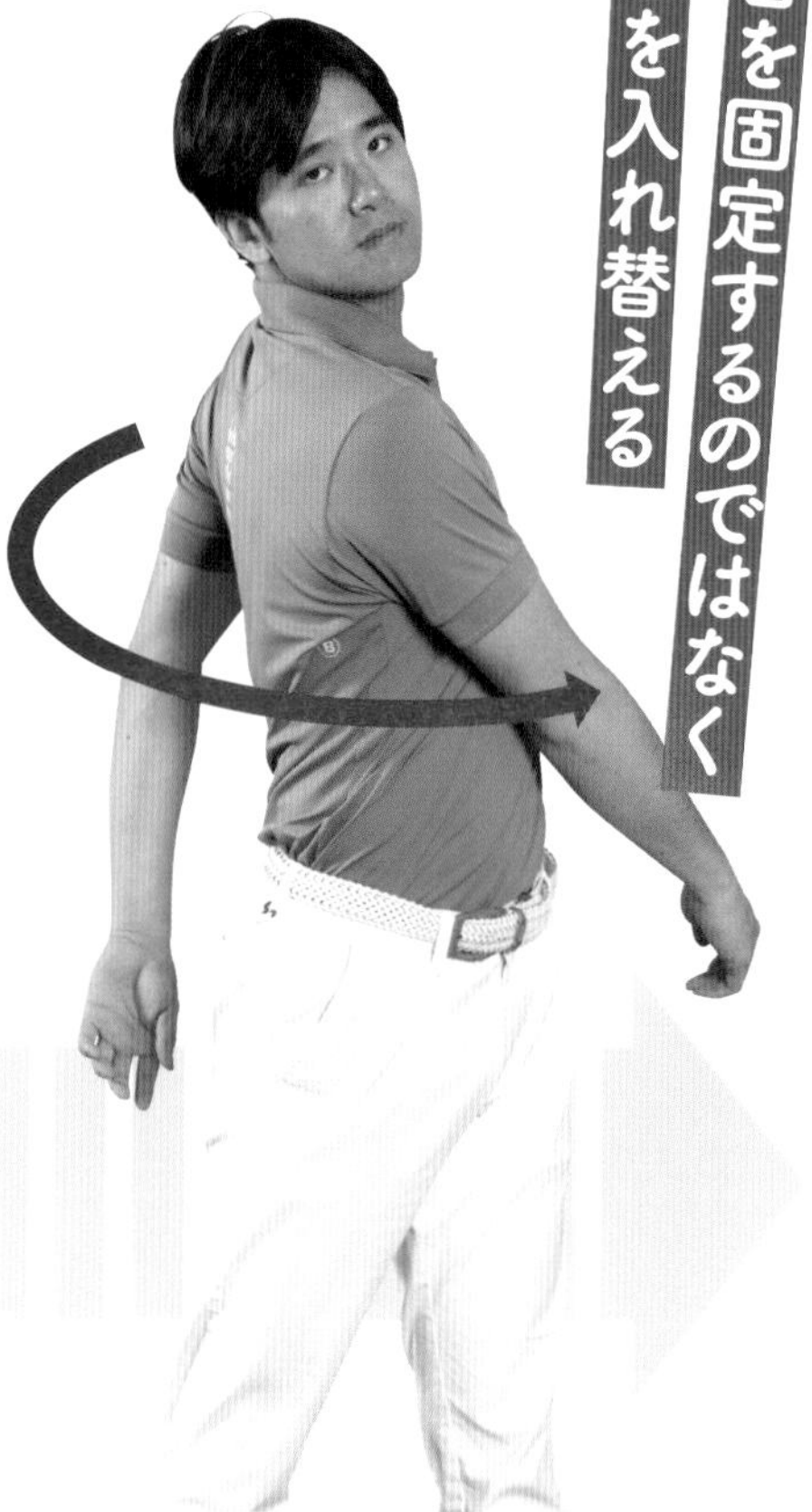

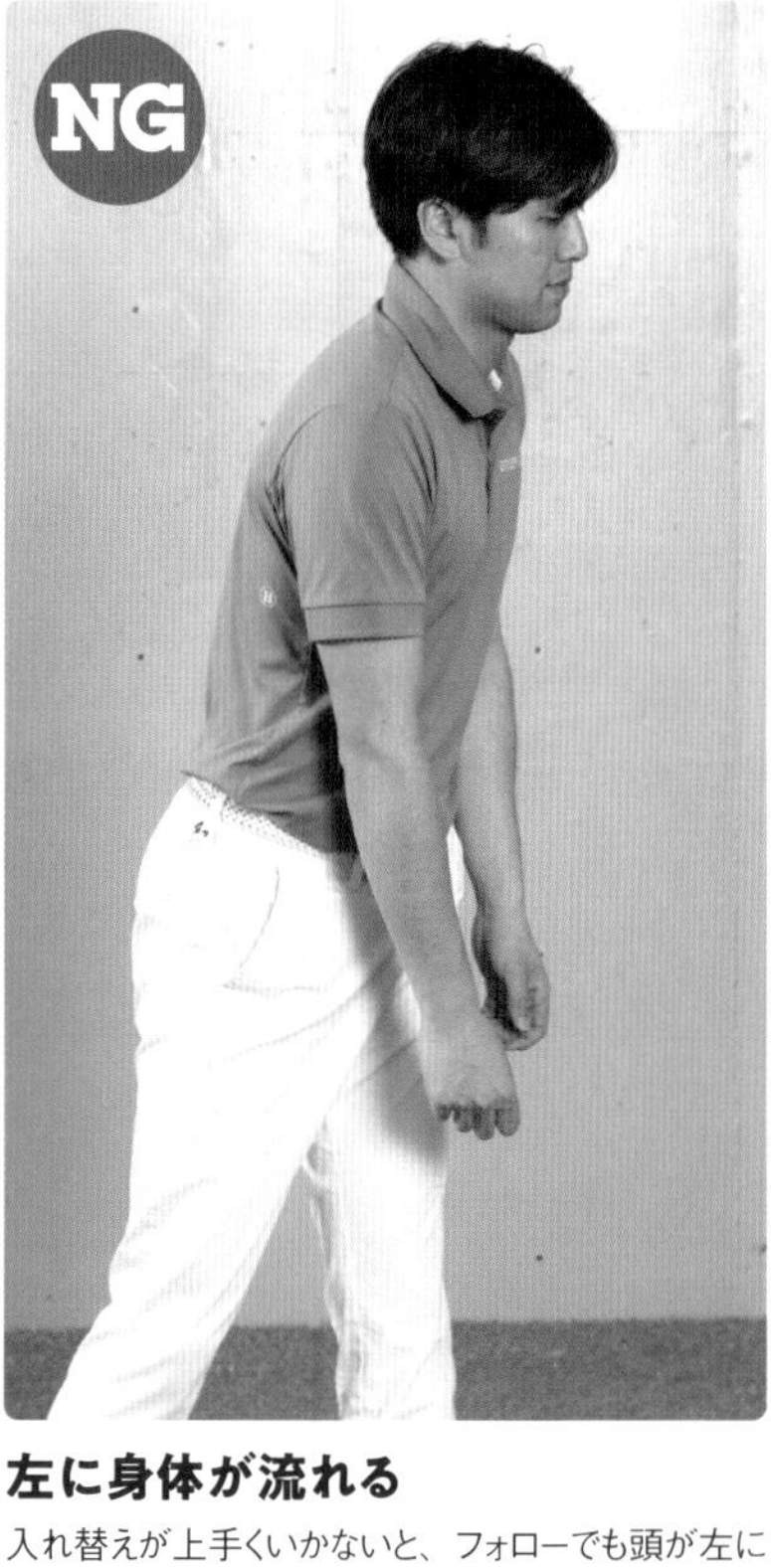

左に身体が流れる

入れ替えが上手くいかないと、フォローでも頭が左に動いてしまい、身体も突っ込むような感じになってしまう。このようになってしまうと、フィニッシュが取れない

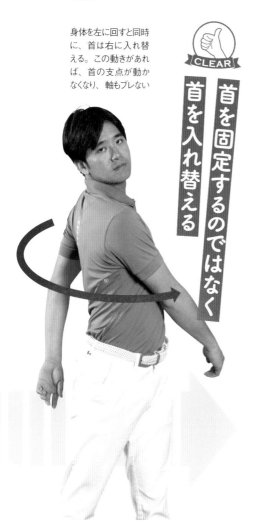

頭は積極的に動かす

スウィング中はボールを見ながら回転運動をするわけですが、このとき頭が動いているような気がするという人も多いはず。多くの人は、頭を固定しようとするのですが、そうすると首周辺に力が入りすぎて、逆に頭が動いてしまいます。このような場合、どうすればいいのか？

実は、スウィングでは頭の入れ替えという動きが必要なのです。身体が右に回ったときは左に、左に回ったときは右に入れ替える動きです。

頭のブレが気になる人は、クラブを持たず、遠くの景色を見ながら首を入れ替える練習をしておきましょう。

首を身体が回る方向と逆向きにする

スエー気味のスウィングに

テークバックで頭の入れ替えができていないと、右にスエーしてしまい、エネルギーをためることはできない。またダウンでもあおるような打ち方になりやすい

身体が右に回ったときは首を左に入れ替える。テークバックで入れ替えが上手くいけば、ダウンでも頭を残せる

右手先生

悩み解決⑬

“クラブを振る”動きがなかなか実感できない

クラブを振る感覚をより体感したい

CLEAR

重心高の足閉じドリルで“振る”を実感

足を閉じていると
しっかり振っても
グラつかない

クラブを振る感覚が分かってきたら、連続素振りを。行き帰りで地面にヘッドがこすれるようになったらOK

目を閉じてやるのも効果的

ゴルフはクラブでボールを飛ばすスポーツなので、クラブを振ることが大事なのですが、“振る”という感覚がよく分らない人も多いとか。そんな人は、両足を閉じて素振りをしましょう。

これをやることで、クラブが動き、腕が動き、胸、お腹、足の順番で身体が連動して動くことを感じることができます。

力みが強いと思う人は目を閉じてやってみましょう。また、慣れてきたらクラブで地面をこすってみましょう。

NG

身体を回すと支点が崩れるので危険

足閉じ素振りをやる際、身体の回転は極力抑えよう。身体の回転が入ってしまうと、支点を崩す原因にもなるからだ。まずは腕とクラブを振ることだけに集中しよう

足を閉じでクラブを振ろう

足を閉じるのは、足を閉じたほうが重心が高くなって土台が安定するから。この体勢からバックスウィング

ダウン以降もしっかりクラブを振る。重心が高いときれいな円弧になるので、ヘッドもきちんと戻ってくる

RIGHT HAND TEACHER
右手先生
悩み解決⑭

クラブを動かす方向に決まりはある？

クラブをどう動かせばいいのか分からない

クラブを持って手元を揺らそう

CLEAR

上から見て右8の字を描くのが正解

OK 球がつかまる右回りの8の字

クラブを持ち上げて手元を揺らすと、切り返しで背中側にクラブが動き、上から見て右回りの8の字を描く。これが正しい軌道で、ヒジ先も回旋しやすく、球をしっかりつかまえることができる

常に右回りの8の字を意識しよう

左8の字はカット軌道に

結論からいうと、クラブを揺らすと上から見て右8の字を描きます。これが正しい動きです。

このことを詳しく説明しましょう。グリップを摘まむとクラブは下に垂れ下がります。これを左右に揺らす振り子の動きが大事だという話をしましたが、実際にクラブを振るときはクラブを持ち上げます。この持ち上げた状態で手元を左右に揺らすと、上から見てヘッドの動きは右回りの8の字になります。

一方、手元を揺らさずにヘッドから動かすと、左回りの8の字になり、ダウンでは上から入りやすく、軌道でいうとカット軌道になってしまうのです。

NG 数多くのミスを生む左回りの8の字

右に動かすときにヘッドから引っ張ってしまうと、左回りの8の字の流れに乗ってしまい、実際のスウィングでは頭の前からヘッドが下りてきやすい。この動きがいろいろなミスの原因になる

RIGHT HAND TEACHER
右手先生
悩み解決⑮

右手を意識しても フェース向きが把握できない

フェースの向きをコントロールするには
どうすればいい？

トゥにセットしてトゥで打つ

CLEAR

フェースのトゥで打てば 面を感じることができる

OK トゥを感じれば フェース面を押せる

面をコントロールするには、先端まで神経が通っている必要がある。そのためには、トゥで打つ練習をするのが一番。トゥで打てば、フェースを閉じるイメージも湧く

トゥで打てば
面を感じる
ことができる

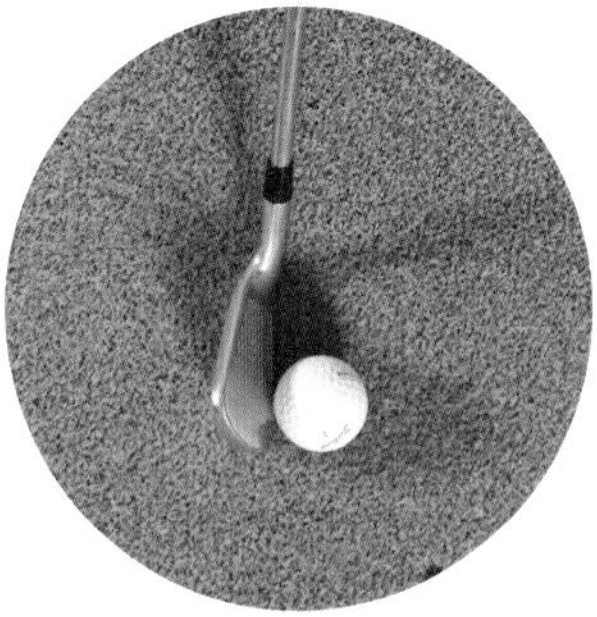

シャンク病にも効果的

インパクトでフェースを目標に向けたいのに右を向いたり、左を向いたり。そういう場合は、フェースのトゥで打つ練習をしてみてください。

なぜこのドリルがいいかというと、クラブはL字の形をしているからで、フェースの向きを感じることができない人は、そもそもL字の道具だということを感じていないからです。

自分から最も遠いところにあるトゥを感じて、トゥで打つことができれば、フェースの面を感じて打つことができるようになります。球がつかまらない人や、シャンクが出やすい人は、ぜひこの練習を行ってください。

NG トゥの意識がないと面が開いて押せない

トゥを感じていない人は、フェース面を感じることができないので、フェースがどこを向いているか分からない。インパクトでフェースが開く人は、トゥを感じてみよう

面が感じられないと
フェースは
開いて当たる

RIGHT HAND TEACHER
右手先生
悩み解決⑯

球筋が安定せず ボールが左右に散らばる

球筋を安定させるドリルがあったら教えて

STEP1

ゲートの間を通して素振り

ゲートの間をヘッドが通るように素振り。身体の動きよりもヘッドの動きに集中することが大事。ゲートの広さは自分の技量に合わせて決めよう

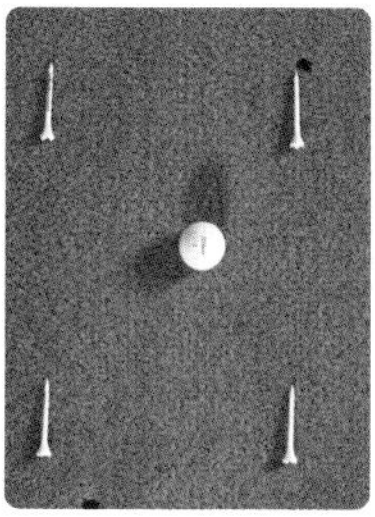

ヘッドの通り道だけを意識しよう

CLEAR

ゲートドリルでヘッドの軌道を意識

大事なのはヘッドの軌道

左右にボールが散らばる人にやって欲しいのが、ティーでボックスを作って、そこにヘッドを通す〝ゲートドリル〟です。

目的は、ヘッドをどう動かすかということにフォーカスすることにあります。身体に意識をおくと、「ゲートに当たるかも」という気持ちになりますが、ヘッドの通り道を意識すると、身体への意識が薄くなります。

最初はヘッドがゲートの中を通るように素振り。次にボールを置いて打ち、最後に右足や左足を引いて打ってみてください。大事なのはヘッドの軌道で、足の向きは球筋にあまり関係ないということが分かります。

STEP2 実際にボールを打つ

素振りでヘッドの通り道を意識できたら、次にボールを打ってみる。ヘッドの動きだけ意識しておけば、身体の動きを気にしなくてもきちんとミートできる

STEP3 スタンスを前後にズラす

最後に、片足を後方にズラして打ってみよう。両足が揃っていないと真っ直ぐ打てないと思っている人が多いが、ヘッドの軌道を意識すれば意外と打てる

RIGHT HAND TEACHER
右手先生
悩み解決⑰

右手でビュンとスピードを出したい

ヘッドを走らせるためには？

左サイドは惰性の世界。アマチュアゴルファーの中には左サイドでも振ろうとする人がいるが、その必要はない

CLEAR

ヘッドを走らせるための右手キャッチ&リリース

上がり際に押すのがポイント

切り返しからヘッドを加速させるためには、ブランコのメカニズムを取り入れることがポイントです。ブランコは上がって来たときに押すと加速します。それと同じように、上がり際を押せばいいのです。まずは、クラブを左手で持って振り上げ、上がり際を右手で押す。そうすればクラブに勢いが付きます。

実際のスウィングでも、右手をずっと押し続けるのではなく、〝押して離す〟という動きが重要です。右手を投げるように使えば、ヘッドは勝手に走ります。

NG

押し続けると力は伝わらない

力んで押し続けようとする人がいるが、そうするとヘッドは走らないし、アーリーリリースにもなりやすい。押すのは一瞬だということを覚えておこう

ブランコのように押して走らせる

左手でクラブを上げたら、切り返しの辺りで右手で押す。そうするとエネルギー＋重力でヘッドは走る

右手は押して、離すのがポイント。ブランコでも押し続けることはないように、上がり際に押して、離す

ボールに当たらないときはどうすればいい？

どうしても当たらない。そんなときの応急処置は？

STEP1 レシートを打つ

レシートをマットの上に置き、余計なことは一切考えずに、そのレシートをボールだと思って打つ

CLEAR
確実に当たるレシートドリル

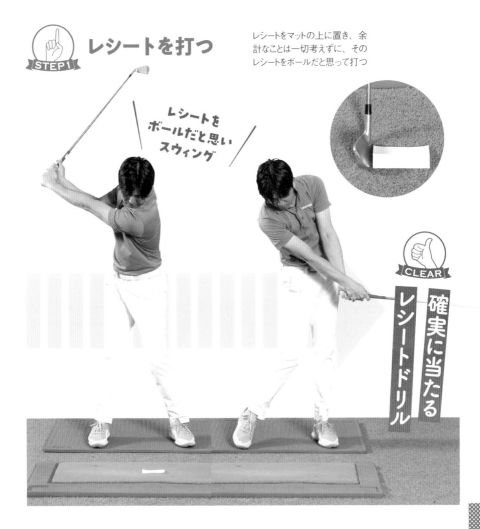

不思議だけどなぜか当たる

ラウンド前の練習で、「芯にボールが当たらない」「練習のときのようにボールが飛んでくれない」。そんなときは不安になりますよね。

とっておきの応急処置をお教えしましょう。名付けて、〝魔法のレシートドリル〟。やり方は簡単で、ただ地面にレシートを置いてそれを打つだけ。打てるようになったら、レシートの上にボールを置いて打ちましょう。

不思議なことに、どんなレベルの人でも、また、その日スウィングが大暴れしている人でも確実に当たるようになるのです。ダマされたと思ってぜひ試してみてください。

STEP2 レシートごと打つ

レシートの上にボールを置き、レシートごと打つつもりでスウィング。どんなレベルの人でもなぜか確実に当たるようになる

Column

右手でターゲットをイメージすれば スウィングがブレても思ったところに飛ぶ

皆さんは、ゴミ箱にティッシュを投げ入れようとするとき、ゴミ箱を意識しますか、それとも腕の振りのことを考えますか？　おそらく100人に聞けば100人とも、ゴミ箱を意識していると答えるのではないでしょうか。しかしゴルフとなると、ほとんどの人が身体の動きを意識します。本当はどちらを意識すべきかは、分かりますよね。

改めていうまでもなく、ゴルフはターゲットスポーツです。弓で的を射るのと同じように、ターゲットにボールを運ぶのがゴルフです。にもかかわらず、身体の動きばかりを考えていては、ターゲットにボールを運ぶことはできません。

現に、「あそこに打ちたい」と思っているほうが、結果としての再現性も高くなります。実はプロゴルファーも、スウィングの再現性という点ではけっこうブレブレです。それでも同じところに打てるのは、ターゲットに運ぶ意識が強いからです。

その意識がしっかり持てるのが、右手です。「アプローチは右手で運ぶように」といわれるのも右手のほうがターゲットや弾道をイメージしやすいからです。

皆さんも上達を目指すのなら、右手をフルに活用しましょう。

RIGHT HAND TEACHER

PART

4

右手先生が
ドライバーの飛距離を
伸ばす

ここで力を
入れないように
しよう
OK 右手の力が抜ければ
ヘッドは走る
切り返しからインパクトゾーンに入るとき、どうしても右手に力が入ってしまうが、ここで握り込まないことが大事。そうすればクラブは減速せず、ヘッドは走る

RIGHT HAND TEACHER
右手先生
ドライバー
飛距離UP①

ダウンで右手の力が抜ければヘッドは最大限に走る

力が入ると飛ばないということを理解しておこう

右手に力が入らないようにスウィング

NG 右手に力が入ると
ブレーキがかかる

強く叩こうと思うと、ダウンでは右手に力が入りすぎるが、その力が結果的にブレーキをかけてしまう。ヘッドは振り子の動きで走るもの。手で走らせるものではない

右手の力が〝飛び〟のカギ

インパクトで右手に力が入った瞬間に、せっかく走っていたヘッドが減速してしまうのをご存じでしょうか。当たる瞬間にクラブを強く握ってしまうのが、最大の減速要素になるのです。

気持ち良くヘッドを走らせるためにも、切り返しからグリップ圧は変えないようにすることが大事です。ダウンでは、最下点に近づくにつれて重力の影響が大きくなってヘッドスピードが上がるし、ボールとの衝突にも耐えないといけないので、力はどうしても入ってしまうのですが、それを最小限に抑えること。できるだけ柔らかく握ることを意識してください。

見た目は上に上がっているが、ヨコを経由して上に上がっているだけ。この動きがあればシャフトはしなる
正しいバックスウィングをしていれば、切り返しで"ねじり戻る力"が発生。これがダウンでの走りに繋がる
ヨコに振る意識があればシャフトがしなる
NG
ヒョイとタテに上げるとシャフトがしならないし、体重も右足に乗せることができない

RIGHT HAND TEACHER

右手先生

ドライバー飛距離UP②

右に大きく揺らせば揺り戻しの力も大きくなる

テークバックでもシャフトのしなりが
大事だということを知っていました？

テークバックはヨコに振ろう

タテに上げるのではなく、ヨコに動かすという意識でテークバックをスタート。体重もしっかり右に乗せていく

飛球線後方にクラブを放り出すようなイメージで大きく揺らす。そうすれば慣性が飛球線後方に働く

力強いテークバックが必要

飛ばすための力強いスウィングをするためには、テークバックでも大きくクラブを揺らすことが大事です。そうすれば、テークバックでのシャフトのしなりが大きくなる分、ダウンでもシャフトがしなってヘッドが走ります。また、身体の動きとしてもねじり戻す力が大きくなるので、出力が大幅にアップします。

この動きを実現するには、クラブをタテではなくヨコ方向に動かすことが大事です。意識としては、飛球線後方にクラブを放り投げるようなつもりで動かしましょう。力強いスウィングは、ダイナミックなテークバックから生まれるのです。

RIGHT HAND TEACHER
右手先生
ドライバー
飛距離UP③

ステップを踏んで地面から力をもらう

右手の動きとステップはセットと考えよう

右に体重が乗った瞬間、テークバック開始。静止した状態からのスタートだと地面からの力が伝わらない

インパクトからフォロースルー、フィニッシュでは完全に左足に乗った形になる

足を使えば飛距離も伸びる

「地面からどれだけ力をもらえるか」というのも、飛距離をアップする上では重要なポイントになります。そして、地面の力を利用するためには、右手を振ることと両足のステップをセットとして考えることが大事です。

具体的には、右手にクラブを持ち、スウィング前に左右へ体重移動をしながら足踏みをし、右に体重が乗った瞬間にテークバックをスタートする練習をしましょう。実際にボールを打つときも、このイメージでスウィング。ピタッと止まった状態から動き出していたのでは、地面の力をクラブに伝えることができないので注意してください。

ステップをしながらテークバック開始

右手でクラブを持ち、ヘッドをボールにセットした状態で左右にステップを踏む

しっかり左足を踏んで振り下ろす
テークバックの途中から徐々に左足に体重を移し、ダウンではしっかりと左足を踏む形に

上がり際に右手でクラブを引けばあとはクラブが勝手に走る

クラブに力を与えるタイミングとは？

見た感じ、力強く振っているように見えるが、この時点で力が入っているとクラブは走ってくれない

引くタイミングを見つける

112ページで、「上がり際に押す」という話をしましたが、実際のスイングでは、右手で〝引く〟動きが必要になります。上がり際に引き戻す感じです。

もちろんその際も、引き続けるのではなく、力を入れるのは一瞬。ずっと引き続けるとクラブは減速するからです。

問題は、引くタイミングですが、そのタイミングがピッタリ合うと、右手の中にクラブが飛

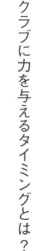

力を入れるタイミングを覚えよう

上がり際に力を入れることでクラブは引き戻される。そのタイミングを見つけることが大事

タイミング良く引く動きができれば、右手の中にクラブが飛球線後方に飛んでいく感覚が味わえる

球線と反対方向に飛んでいくような感覚が伝わってきます。
どのタイミングで引くかは人によって違うので、右手素振りをしながら自分のジャストタイミングを見つけてください。

NG 引き続けるとヘッドは走らない

せっかくいいタイミングで引いても、ダウンで引き続けてしまうと身体が開いて振り遅れてしまう。一見、ためているようにも見えるが、これではヘッドが走らない

RIGHT HAND TEACHER

右手先生

ドライバー
飛距離UP⑤

右手から構えたほうが叩けるイメージが湧く

飛ばし屋が右手からセットしているのには理由がある

OK 右手から入ると叩ける構えに

右手からセットすると、右肩が少し下がった正しい構えになりやすい。また、両手で構えたときに右ヒジにゆとりができるなど、叩ける体勢が整う

NG 左手から入ると両肩が揃いやすい

左手からセットすると、両肩の高さが揃い、少し右肩がかぶった状態になりやすい。また、右ヒジも突っ張った形になり、ボールを叩く力が弱まる

右手セットだと正しい構えに

ボールにヘッドをセットするとき、どちらの手から入るか。私は断然、右手派です。その理由は、ボールと空間の両方を意識できるのでどういうボールを打っていきたいかがイメージしやすく、方向性も確保できるし、叩けるイメージが湧くからです。

また、右手からセットアップすると、クラブが振りやすいところに手が収まりやすく、右ヒジにもゆとりができるので叩ける体勢が整います。さらに付け加えれば、右肩がやや下がり気味の正しい構えになるのも利点です。皆さんも右手で叩くイメージで構えてください。大きな飛距離アップが実現します。

右手からセットすると、クラブが振りやすいところに腕がきやすい。また、ターゲットも確認しやすいし、飛びのイメージも湧くなどいいことずくめ

著者 **森山 錬**（もりやま れん）

1996年生まれ。小学校1年生でゴルフスクールにてゴルフを始め、丸山茂樹プロのジュニアスクールで腕を磨き、小学6年生のときに全国小学生ゴルフ選手権で優勝。フジサンケイジュニアクラシックで行われるジュニアドラコン選手権で300ヤードを記録し史上2人目の中学生チャンピオンとなる。その後、中島啓太らを輩出した代々木高等学校で部長として東京都大会6連覇（団体戦）の成績を残す。2018年には東京都アマチュア選手権で優勝。ANAオープン、東海クラシック、マイナビABCなどのマンデーにも出場経験あり。2019年からレッスン活動を開始。イーストゴルフスクール五反田店、学芸大ゴルフスタジオにて活動中。

STAFF
●編集　城所大輔（多聞堂）
●デザイン　三國創市（多聞堂）
●ライター　真鍋雅彦
●撮影　天野憲仁（日本文芸社）

撮影協力
太平洋クラブ　八千代コース

ゴルフは右手《みぎて》の使《つか》い方《かた》だけ覚《おぼ》えれば上手《うま》くなる

2023年9月10日　第1刷発行
2024年12月1日　第4刷発行

著　者　森山《もりやま》 錬《れん》
発行者　竹村　響
印刷所　株式会社文化カラー印刷
製本所　大口製本印刷株式会社
発行所　株式会社日本文芸社
〒100-0003 東京都千代田区一ツ橋1-1-1　パレスサイドビル8F

Printed in Japan　112230825-112241119Ⓝ04　(210118)
ISBN978-4-537-22133-6
URL https://www.nihonbungeisha.co.jp/

（編集担当：菊原）